本书系国家社科基金一般项目"基于大规模自建语料库的日本近现代文学作品中爱情隐喻模式系统性研究"（18BYY225）的阶段性成果。同时，入选北京外国语大学卓越人才支持计划。

KEKKONFUYOSHAKAI
by MASAHIRO YAMADA
Copyright © 2019 MASAHIRO YAMADA
All rights reserved.
Original Japanese edition published by Asahi Shimbun Publications Inc., Japan

Chinese translation rights in simple characters arranged with Asahi Shimbun Publications Inc., Japan through BARDON CHINESE CREATIVE AGENCY LIMITED, Hong Kong.

东瀛世相

# 不婚社会
## 日本婚姻的未来走向

[日]山田昌弘 著
韩涛 译

生活·讀書·新知 三联书店

Simplified Chinese Copyright © 2024 by SDX Joint Publishing Company.
All Rights Reserved.
本作品简体中文版权由生活·读书·新知三联书店所有。
未经许可，不得翻印。

**图书在版编目（CIP）数据**

不婚社会：日本婚姻的未来走向／（日）山田昌弘著；
韩涛译．—北京：生活·读书·新知三联书店，2024.1
（东瀛世相）
ISBN 978-7-108-07715-8

Ⅰ.①不⋯　Ⅱ.①山⋯ ②韩⋯　Ⅲ.①婚姻问题－研
究－日本　Ⅳ.① D731.381

中国国家版本馆 CIP 数据核字 (2023) 第 165905 号

| | |
|---|---|
| 责任编辑 | 张亚囡 |
| 装帧设计 | 康　健 |
| 责任校对 | 曹忠苓 |
| 责任印制 | 卢　岳 |
| 出版发行 | 生活·讀書·新知 三联书店 |
| | （北京市东城区美术馆东街 22 号 100010） |
| 网　　址 | www.sdxjpc.com |
| 图　　字 | 01-2022-0037 |
| 经　　销 | 新华书店 |
| 印　　刷 | 三河市航远印刷有限公司 |
| 版　　次 | 2024 年 1 月北京第 1 版 |
| | 2024 年 1 月北京第 1 次印刷 |
| 开　　本 | 787 毫米 × 1092 毫米　1/32　印张 5.75 |
| 字　　数 | 92 千字 |
| 印　　数 | 0,001 - 5,000 册 |
| 定　　价 | 49.00 元 |

（印装查询：01064002715；邮购查询：01084010542）

## 第二章 婚姻问题的再思考——为什么婚姻是"必要"的? ...27

婚姻的形态 ...28

婚姻的定义 ...32

婚姻的起源 ...35

婚姻的功能 ...37

婚姻的效应 ...40

婚姻的社会功能 ...43

婚姻的矛盾 ...45

## 第三章 近代社会与婚姻——婚姻不可或缺社会 ...49

近代婚姻的"经济"特征 ...50

近代婚姻的"心理"特征 ...51

近代婚姻的形成要素 ...54

恋爱式婚姻的纯粹化 ...58

社会再生产导致的矛盾 ...62

未婚者无立足之地的社会 ...65

## 第四章 "二战"后日本的婚姻状况——全员结婚社会的到来 ...71

"二战"前门当户对的婚姻 ...72

# 目 录

中译本序 ················································ I

中文版序 ················································ VI

前言 ···················································· IX

第一章 结婚难社会——日本婚姻的现状 ·············· 1

　《婚姻的社会学》出版之后 ························ 2

　对男性是"人生的事件",对女性是"第二人生" ······· 5

　1996年前后的婚姻状况 ··························· 7

　不是晚婚化,而是未婚化 ·························· 10

　为何结不了婚的人增多了? ························ 13

　未婚化现象的逻辑 ································ 16

　从"想结婚就能结婚"到"结婚难" ················ 19

　亚洲金融危机的影响 ······························ 22

社会性惩罚与一夫多妻制 ………………………… 75

　　"二战"后的自由婚姻 ……………………………… 79

　　相亲式婚姻的变化 ………………………………… 84

　　"爱情"与"经济"两大要素 ……………………… 88

　　"全员结婚社会"的到来 …………………………… 93

　　"表白文化"的弊端 ………………………………… 96

第五章　走向"不婚社会"——近代婚姻的危机 ……… 99

　　新经济的影响 ……………………………………… 100

　　性解放运动的影响 ………………………………… 105

　　要经济还是爱情？ ………………………………… 109

　　离婚自由化的影响 ………………………………… 112

　　欧美人婚姻的现状 ………………………………… 115

　　欧美与日本的差异 ………………………………… 118

　　经济与亲密性的分离 ……………………………… 121

第六章　结婚难社会——日本的应对 …………………… 125

　　走向"结婚难社会"之路 ………………………… 126

　　哪些人能够结婚？ ………………………………… 129

　　意识形态与真实想法 ……………………………… 133

　　囿于近代婚姻的理由 ……………………………… 137

"体面"的束缚 …………………………………………142
　　不同于欧美的"不婚社会" ……………………………147
　　没有伴侣也不会感到压力的日本 ……………………150
　　日本人婚姻的未来形式 ………………………………153
**结语** ………………………………………………………159
**参考文献** …………………………………………………163

# 中译本序

徐静波[①]

我有幸早于一般读者读到此书的译本,题目和内容都引起了我强烈的阅读欲望。作者是一位在社会学领域耕耘了三十多年的资深学者,迄今已有多种扎实的研究成果问世。在此书中,他提出了当今社会一个非常实际又令人警醒的主题。简单来说,我觉得这本书的价值或意义有两点。

第一,作者以一位社会学家的专业训练和专业积累,以婚姻问题为聚焦点,非常清晰地向我们描绘出当今日本社会的一个重要面,一个关系到日本社会当今及未来走向的非常重要的面。对于我们中国读者而言,本书的叙述和分析,无论其深度和广度,都远超一般的新闻报道和碎片化文章,让我们能从中看到后工业化时代的日本,既存在着地球上所有

---

[①] 徐静波,复旦大学日本研究中心教授。

后工业化国家和地区的共通性，也具有拥有自己独特文化和历史的国家的独特性。此书可以引导我们更准确更深入地观察、了解和思考作为我们最重要邻邦之一的日本的社会实相。

第二，这本书所探讨研究的问题，对于今天的大多数中国人来说，绝不是可以隔岸观火那样的与己无关。事实上，中国的大部分都市社会，也正面临着这样一个令人不得不正视和需要冷彻思考的现实境遇。作者的视角，虽然聚焦在日本社会，间或移向与欧美社会的比较，但实际上也处处触动着中国人，尤其是都市男女的神经。书中的叙述，仿佛一面镜子，从中也照见了我们自己的身影。

人类在进化和发展的进程中，形成了婚姻和家庭。尤其在农耕社会，形成了以氏族血缘为基础的家族体系、社会组织和社会形态，以及与之相应的道德、礼仪和规矩。生儿育女、繁衍后代、传承家族血缘、夫妻彼此扶持，甚至通过事业兴盛的途径光宗耀祖、门楣生辉，几乎成了近代之前人们的主流价值观。这样的社会意识形态千年来都没有根本的改变。一直到产业革命的发生、都市社会的膨胀以及以工业为主体的近现代社会的诞生，氏族血缘制开始瓦解，人们才从"熟人社会"开始步入"陌生人社会"，生活的场景从乡村田园转移到了街市纵横、楼房林立的另一个天地。但是传统的婚姻仍然在延续，大家族式的血缘纽带虽然在松弛，但家庭依然在存续，尽管家庭的体量变得越来越小。很少有人会怀疑婚姻的合理性，怀疑家庭的价值。然而在20世纪70年代前后，以欧美为主体的西方社会渐渐进入后工业或后现代的社会，面对一个从结构上发生了重大变化的新的现实，传统的婚姻观和家庭观逐渐动摇，一些新的、在以前看来甚至是有些大逆不道的意识理念在人们，尤其是青年一代中萌生滋长。那就是：人是否一定要结婚？是否一定要有家庭？是否一定要生儿育女？换句话说，婚姻的意义是什么？家庭的意义是什么？生育儿女对自己的人生意味着什么？大约从20世纪80年代前后开始，日本也出现了这样的倾向。

到了后来，变化着的现实让相当一部分人意识到，寻求配偶或伴侣，是一件比较累人的事，建立家庭、生儿育女，更意味着要为此付出大半生的辛劳。婚姻和家庭，原本的出发点，是为了借此获得更幸福的人生，然而在后现代社会中，许多人发现，似乎并不能因此使人生变得更幸福。于是，"无婚化"越来越成了一个无法回避的严峻现实。本书展示的数据表明，2015年时，日本30～34岁年龄段的未婚率，男性是47.1%,女性是34.6%,比20年前上升了好几倍!这其实并不是一个突兀在婚姻领域的孤立现象,它与整个日本社会结构和人们意识的变化紧密相关,综合体现了当今日本社会的新特质。

问题是,在紧邻日本、传统的价值观念和近代以后社会结构的演变具有一定相似度的中国,尤其是在日益扩张和庞大的都市空间,也出现了与日本类似的现象。相当一部分人都产生了这样的感觉:没有婚姻的人生,依然可以多姿多彩;同居的伴侣,同样具有排解寂寞孤独的功效;即便没有固定的异性伴侣,只要拥有一个相对稳定的朋友圈,依然可以获得温暖和关爱。许多人不结婚,也许并非是排斥和抗拒婚姻,只是觉得婚姻的代价太过沉重,养育儿女的成本太过高昂(包括金钱和精力)。而越来越高的离婚率,也使人越来越看低婚姻生活的幸福指数。对个体价值的强调,难免会削弱人们对于群体社会的责任意识。我手头没有中国相应年龄段的未婚率数据,或许没有日本那么高,但今后恐怕也会越来越逼近。随之而来的社会问题是,新生儿出生率的下降,新一代人口数量的持续走低,有效劳动力的减少,以及单身人士的养老问题。这些同样是现在和今后的中国人无法回避、不可忽视的严峻问题。

邻国日本的社会学家已对无婚化现象做出了非常专业的研究，而这样富有成效的研究结果，又被及时地翻译介绍到了中国，我想一定会引起相当一部分读者的兴趣和关注。我们在借此深入了解当今日本社会的同时，也一定可以以此为鉴，察见在中国的都市社会中正在出现的类似现象以及背后的复杂因素，并思考应该如何做出有效应对。

译者北京外国语大学韩涛副教授，分别在日本的杏林大学和名古屋大学获得硕士和博士学位，长期从事日本的语言和社会的研究，在日本语言上具有相当高的造诣。因长期在日本生活体验，他对日本社会的理解也具有相当的深度，由他来担任此书的翻译，可谓极为适宜。此书不仅用词造句妥帖，译文也流畅可读。我自己，对于社会学基本上是外行，但对本书探讨的问题，也怀有浓厚的兴趣。韩涛老师嘱我写序，便欣然从命，愿意为此书鼓吹。

2019 年 12 月 21 日

# 中文版序

山田昌弘

在大学的课堂上,我会首先跟我的学生讲这样一段话:"据政府机构的调查结果,你们当中未来将有25%的人无法结婚,并且,还会有25%的人离婚。也就是说,你们之中只有一半的人能步入婚姻的殿堂,和自己的另一半白头到老。"

到1990年为止,日本还是一个相对容易结婚且离婚率也不高的社会。比如,1940年出生的人中,近97%的人都成功走进了婚姻的殿堂。但是看一看现在,日本的未婚率一直居高不下,30岁左右的女性每3个人中有1人,男性每2个人中就有1人处于未婚状态。同时,离婚率也在节节攀升,达到了每3对中有1对离婚的比例。未来,将有二分之一的年轻人独自迎来自己的晚年。也就是说,日本正在成为一个结婚困难，并且人们很难将婚姻维持下去的社会。是的，日本已经进入了"结婚难社会"。

反观中国又如何呢？目前日本正在发生的事未必一定也会在中国发生，但就"家庭观"而言，相较欧美社会，日中两国之间拥有更多共通的文化背景。比如，两国都看重婚姻中的经济要素，对孩子的感情投入大于爱情本身，结婚之前和父母同住，等等。当然，两国也有不同之处。比如，日本尚有很多家庭主妇，而中国大都夫妻共同工作。尽管如此，我还是凭着直觉，感觉中国正在一步一步迈入"结婚难社会"。

有一次，中国社科院的胡澎教授带我去参观北京的中山公园。我看到那里人头攒动，数百名父母正在不遗余力地为自己的孩子寻找结婚对象。像这样，父母替儿女相亲的情况在日本也很流行。父母为儿女的婚事操心，也是日中文化中的一个共通点。

因此，很有可能，日本只是先中国一步进入了"结婚难社会"而已。虽然我在书中考察的是日本社会的婚姻状况,但我衷心地希望本书对于研究中国社会也能起到一定参考作用。

2020 年 1 月 14 日

# 前　言

婚姻并不能保证获得幸福。

要是明白了这一点，结婚的人会增加一些吧？

我认为造成"结婚难"真正的原因，是我们每个人都认准了"婚姻=幸福"这个公式。

早在 23 年前①，也就是 1996 年的时候，我就已经在自己的书中阐述过这一观点。但那之后，日本社会发生了怎样的变化？又有哪些没变呢？

本书将以"婚姻"为切入口，做出深刻剖析日本社会的尝试。可能有些观点听上去会让人感到"刺耳"，但那不正是"婚姻"的本质吗？更何况"婚姻"本身就充满各种矛盾。本书将尝试揭开隐藏在"婚姻"背后的种种真相，为此我将不惧挑战。

---

① 本书成书于 2019 年。——编者注

日本近代社会①从成立之初,就是一个"婚姻不可或缺社会"。这里的"不可或缺"是指,"一个人如果不结婚,就会在生活上和心理上遇到更多的困难"。

"生活上",一如字面上的意思,就是与衣食住行等有关的、一个人一生所要承担的各种家务以及经济上的负担等,而"心理上",简而言之,就是一辈子会不会活得很孤单。

今天的日本社会,无论从制度上还是在人的意识里,都是一个"婚姻不可或缺社会"。然而,当我们想要结婚的时候却又发现,结婚并不那么容易。换言之,当今日本是一个"结婚难社会"。

2015年的人口普查显示,年龄段在30~34岁的日本人的未婚率,男性为47.1%,女性为34.6%。而1975年的时候,男性只有14.3%,女性仅为7.7%。

未婚群体增多所带来的后果之一就是"少子化",这已经成为当今日本的一个严重的社会问题和国家问题。

要解决"结婚难"带来的各种问题,一个最简单的办法

---

① 本书中使用的"近代社会""近代"为日文的直译,指的是开始现代化之后的时段,在日本一般指明治维新之后,与历史分期上的"近代"有所不同,特此注明。——编者注

就是，把社会变成一个即便不结婚也能幸福地生活且没有经济和心理负担的社会。也就是说，将"婚姻不可或缺社会"变成"不婚社会"。

事实上，西欧和美国已经先于日本开始了这一转变。在欧美国家，随着事实婚姻和非婚同居的人越来越多，不结婚也能生儿育女的制度也在日臻完善，这些国家正朝着"不婚社会"发展。当然，这在一定程度上也能缓解整个社会的少子化现象。

那么，日本会成为欧美那样的"不婚社会"吗？

我的答案是，照现在这样发展下去，婚姻在日本社会中不会变成欧美社会那种形式的"不再需要"。

那为何书名还要叫《不婚社会》呢？这是因为我将在本书中指出，日本正在朝着另一种与欧美不同类型的"不婚社会"发展。这是本书的核心观点。

对当今的日本而言，"不婚"，也就是婚姻变得不再必要，究竟意味着什么呢？

本书将在以下各章对这一问题展开详细讨论。然而，遗憾的是，这一巨大的社会潮流，并不能解决"想结婚但结不了婚"的问题。

同时，我也会在书中重新梳理一些问题。比如，到底何谓"婚姻"，我们为何要结婚，等等。

在书的开头，我首先回顾了20世纪90年代中期日本人的婚姻状况。事实上，我认为那时正是日本向"结婚难社会"转变的重要历史节点，当时我就预见到了这一趋势的到来。

当然，我也会比较欧美和日本的婚姻形式。通过比较，我们能清楚地看到日本人在"二战"后形成的思想意识是多么牢固。

我想通过对日本社会细致入微的考察，为我们解决结婚难的问题提供一些线索。

不过，老实说，在本书的执笔过程中，我不得不做出一个悲观的论断，即"就当前的日本社会而言，要解决结婚难的问题非常困难"。

然而，即便如此，我仍在坚持不懈地推进"婚活"[①]——为未婚者积极寻找结婚伴侣的活动。

---

[①] "婚活"一词源自日文，是结婚活动的缩写，由本书的作者提出。——译者注

人生无法重来。

二三十年前，人们认为不错的选择在二三十年后未必依然正确，而且一旦做了选择将难以再进行修正。

举个简单的例子。20世纪50年代，煤炭行业曾被认为是全日本最好的就业领域。而四五十年前，在超市里工作的人还认为自己的工作不错，但20年前同样在超市里工作的人就未必这么认为。也就是说，现在景气的行业在二三十年后未必还能景气。未来究竟会怎样变，谁也没有先见之明。

对此我本人也了然于胸，虽然我在书中对日本未来的婚姻形式做了简单的描述，但作为一名社会学学者，我认为，我的首要任务应该是把日本当今"结婚难"的现状告诉给各位读者。

如果本书能够帮助到那些未婚人士，或是已婚人士，抑或是孩子到了适婚年龄的父母们，能够让他们以此为契机重新思考婚姻、谋划未来，本人将不胜荣幸。

# 第一章 结婚难社会——日本婚姻的现状

## 《婚姻的社会学》出版之后

那是1996年8月,距今差不多有四分之一个世纪了,我那时也就三十来岁,丸善书店出版了我的第一部新书①《婚姻的社会学——日本的未婚化、晚婚化会持续下去吗?》。

而在此之前,几乎没有哪个日本学者就"何为婚姻"写过面向大众的读物。

1993年,我作为文部省(现在的文部科学省)的驻外研究员,被派往美国加州大学伯克利分校约一年,回国不久就出版了一部学术著作——《近代家庭的未来——家庭和爱心的悖论》(新曜社,1994年)。之后,1994年11月,我又寄给当时的时评月刊《诸君!》(文艺春秋社主办)一篇论文,题目是《结婚难与经济增长》。

大概因为当时很少有人从学术的角度探讨婚姻这个话题吧,丸善书店的编辑找到我,建议我写一本面向大众的读物,

---

① 日语"新書"指内容以一般教养类为主的、书的尺寸略大于"文库本"的一类书。——译者注

于是就有了《婚姻的社会学》。

《婚姻的社会学》出版后，我又陆陆续续写了一些面向大众的普及读物，如：《单身寄生族的时代》（筑摩新书，1999年），我在这本书中首次指出20多岁还和父母一起住的未婚群体将成为日本社会问题的根源；我还写了一本书叫《希望格差①社会——"失败一族"的绝望感将撕裂日本》（筑摩书房，2004年），我在书中指出日本的贫富差距的本质在于"是否对未来怀有希望"；我与白河桃子女士合写了《"婚活"时代》（Discover21出版社，2008年），这本书运用社会学原理对日本的"结婚难"问题进行了思考；等等。其中的一些还成了畅销书。

与此同时，一些政府官员也注意到我的研究。1994年我参加了由厚生省（现在的厚生劳动省）组织的、专门讨论少子化问题的研究会。我利用这个机会对未婚群体进行了分组采访，开展了一些相关的调查工作。之后，我又作为人口问

---

① "格差"为日文名词，"格"，等级；"差"，差距。格差社会即社会阶层差距巨大或越来越大的社会，也译作差距社会。本书将根据具体情况分别使用"格差"和"差距"两种译法。——译者注

题审议会的专家委员、经济企划厅（现在的内阁府）的国民生活审议会委员、男女共同参画会议的民间议员等，在20余年里或多或少地持续参与了日本政府关于少子化问题的相关讨论。

关于"婚姻是什么"，我在很多场合已经有过不少论述。但如果现在问我，在这四分之一世纪里"婚姻的哪些地方变了？"，对不起，我只能回答"几乎什么都没变"。因为人们对婚姻理解的基本逻辑还是那样，也就是造成"结婚难"的社会学原理并没有发生任何改变。

事实上，2008年《"婚活"时代》出版的时候，曾创造出"下流社会"一词的、日本著名评论家三浦展先生就指出，"山田在这本书和他在《婚姻的社会学》中说的东西如出一辙"。从某种意义上讲确实如此，但并不是像三浦先生所说的我在重复同样的话，更加准确的说法是从1996年出版《婚姻的社会学》到2008年出版《"婚活"时代》，虽然过了12年之久，但我还是不得不说"相同"的话。

确实，关于日本人婚姻的各种问题，这20多年来我一直反复说着相同的话。可这又是为什么呢？原因就是我前面提到的，关于结婚难的基本逻辑还是老样子，没有变化。

即便从《"婚活"时代》出版到2019年我写这本书的时候,中间又过了10余年,但在这期间也可以说是丝毫未变。比如,在我写《"婚活"时代》的时候,出现了一种和"就职活动＝就活"类似的"结婚活动＝婚活"现象,也就是,未婚者开始积极主动寻找自己结婚伴侣的现象,但有关婚姻的外部环境并未发生什么质的变化。

## 对男性是"人生的事件",对女性是"第二人生"

比方说,20多年前,我在拙作《婚姻的社会学》中曾指出,婚姻对男性来说只是"人生的事件",但对女人而言却是"第二人生"的开启。

什么意思呢?对于男性而言,婚姻只是人生的一个阶段而已。首先,男性并不认为婚姻会改变自己的人生轨迹。其次,男性也不必因为结婚必须辞掉工作(日语称"寿退社")。因此,在男性眼里,婚姻只是人生中的一个"事件",经历过就好,就像打游戏过关那样。

但婚姻对于女性的意义却不是这样。大多数女性认为,和谁结婚,是会改变自己人生的重要问题。结婚对象的收入如何，职业如何，这些也都会影响自己今后的生活。还有，当面临婚后住在哪里，是否和父母同住，是否继续工作，是否生育等一系列问题时，女性也会因为结婚对象的不同而面临不同的选择。这就是为什么我当时要用"第二人生"来描述婚姻对于女性的意义。

但需要强调的是，这些都是我20多年前的分析结果。

2018年9月，日本中央大学——也就是我的工作单位，举办了第28届日本家庭社会学学会。一个题为"关于年轻人婚姻意识的调查"的主题报告吸引了我的注意，报告人是明治大学的教授藤田结子和东京大学的研究生铃木富美子。这份调查报告基于2008年至2015年实施的以7500人为对象的调查数据，通过分析22~30岁男女关于婚姻的不同看法，得出如下结论："对男性而言，婚姻被视为终点，对女性而言，婚姻被视为起点。"

值得注意的是，她们所说的"男性的终点"和我在20多年前用的"人生的事件"一词的意思大体相同，而"女性的起点"和"第二人生"的意思也基本一致。

换言之，在这四分之一世纪里，人们理解婚姻的基本逻辑并未改变。当然这里指的是在最基本层面上没有改变,并不是说在这20多年里所有的一切都没有发生变化。

下面,我想再次引用我在1996年写的《婚姻的社会学》中的部分论述,比较一下当时和现在的婚姻状况。具体看一看,到底哪些地方变了,哪些地方没变。

## 1996年前后的婚姻状况

首先,我们把时间拉回1996年。那时,"少子化"的说法刚开始流行。

根据1989年日本人口动态统计,总和生育率,即平均每个女性一生可能生育的子女数降到了1.57,创下历史新低。紧接着的1990年,厚生省人口问题研究所(现在的国立社会保障·人口问题研究所)将这一现象命名为"1.57危机",首次敲响少子化的警钟。不过,这个时候"少子化"的说法还未出现。

"少子化"一词真正出现是在此后两年的1992年。当时的经济企划厅出版了一本题为《少子化社会即将到来》的国民生活白皮书,自此,"少子化"才逐渐成为一个为人所知的社会问题。而当时欧美国家并没有"少子化"这样的说法。1995年人口普查的数据未能体现在拙作《婚姻的社会学》中,因为我在撰写该书时主要参考的是1990年人口普查和1992年出生动向基本调查等20世纪90年代前几年的数据。

相关数据显示,日本的"晚婚化"趋势在1975年以后开始变得明显,到1990年前后已经十分突出。

下面的"男女不同年龄段未婚率的变化情况(1920—1990)"(图表1-1)引自拙作《婚姻的社会学》。从中不难发现,1975年的30~34岁男女的未婚率分别是14.3%和7.7%,但是到了1990年,男性的这一比例升至32.6%,女性则升至13.9%。

从平均初婚年龄看,1975年的时候,男女分别为27岁和24.7岁。也就是说,大概在40年前,当时的日本社会有一半的女性在24岁之前就已经结婚。然而到了1990年,男性初婚年龄升至28.4岁,女性升至25.9岁,各上升了1岁。

与此同时,日本政府也在这一年宣布总和生育率降至史上最低的1.57。此后,无论是学者、政策制定者,还是媒体,都纷纷将关注的目光移到了少子化问题上。

图表 1-1 男女不同年龄段未婚率的变化情况（1920—1990）

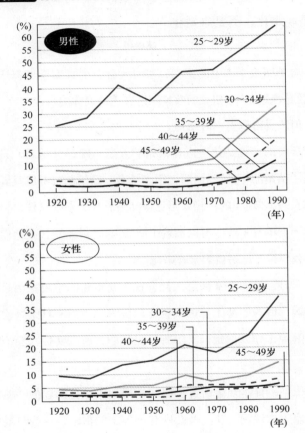

出处：湯沢雍彦　1995『図説　家族問題の現在』

## 不是晚婚化，而是未婚化

对于图表 1-1 中的数据，当时大部分的日本学者都认为"这就是晚婚化"，相关的政策制定者也持同样的观点。

但我觉得哪里不对劲儿。

所谓的"晚婚化"应该是指"大家早晚都会结婚，只是推迟了结婚的年龄"。当时，很多学者、政策制定者以及媒体的观点是，"现在的年轻人不觉得结婚有什么好处，他们想多享受一下单身生活，所以推迟了结婚"。也就是说，在他们眼里，仅仅推迟结婚就等于晚婚化。

同时，他们将女性进入社会视为晚婚化的主要原因。他们认为，因为想要工作的女性比以前多了，而一旦结婚生育就要辞掉工作，但她们又不想马上辞职，所以女性才会推迟婚育。

于是，日本开始借鉴那时同样遇到少子化问题的一些欧洲国家（如法国、荷兰及北欧各国等）的做法，认为只要能让女性一边安心地抚养孩子一边工作，女性就不会推迟结婚、生育。在这种认识下，日本政府开始推行各项政策，如增设保育园等。

然而我主张"这并非什么晚婚化,而是未婚化"。具体来说,我认为"如果不解决未婚化的问题,少子化的问题也无从解决"。正因为我的这一观点得到了一部分人的认同,我才有了在媒体上发声的机会,也因此成了政府相关委员会的委员。对于当时的主流看法,我始终坚持认为,无论是作为一般性学说,还是作为一项政策,"可能并不正确"。

我为何如此确信呢?

因为从1990年到1992年,我和当时千叶大学的宫本教授[①]一起对20~29岁还和父母一起生活的未婚者进行了采访和问卷调查,获得了很多第一手材料,这些材料为我们后来执笔《单身寄生族的时代》提供了重要的依据。当时我们采访的对象大多是20~29岁的青年男女以及和他们一起生活的父母。通过调查,我越发意识到当时的主流观点可能是错误的。

虽然在当时接受我们采访的、与父母一起生活的未婚群

---

① 日文名字为宫本みち子。——编者注

体中，确实也有一些人因为"想享受现在的生活，所以推迟了结婚"，但重要的一点是，几乎没有人因为"不想结婚而没有结婚的"。

对女性而言尤其如此。当时的女性上四年制大学的比例只有两成左右。也就是说，大约八成女性是短期大学或者高中、初中毕业。然而，在实际采访中我们却发现，她们当中几乎没有人是因为想要工作才不结婚的，大部分人是因为"没有找到合适的结婚对象"。

之后，我又利用参加当时的厚生省研究会等机会，对未婚群体进行了持续调研。通过这些调研，我得出与当时的主流看法完全不同的结论：现在的社会现象并不是晚婚化，而是未婚化。

换言之，我的看法是"一生之中一次婚都不结的人今后会不断增多"。而且，和欧洲国家的情况不同，在日本，人们"不是不想结婚而不结婚"，而是"想结婚却结不了婚的人"越来越多。于是，我预测日本未来将成为一个"很多人虽然想结婚，却结不了婚，并最终独自迎来人生终点"的社会，即"结婚难社会"。

## 为何结不了婚的人增多了?

那么,为何"没结婚"或"结不了婚"的人会增多呢?

我是这么认为的。首先,这不是一个单纯的意识变化的问题。问题的关键不在这里,而在于围绕结婚这个问题的外部社会环境,特别是发生了改变的经济状况。也就是说,在个人意识没有改变的情况下,社会的某些方面发生了变化,从而导致结婚的人数减少。其结果是单身群体人数不断增多,于是,日本政府又出台了一些保障单身人士生活的举措。

比如,1994年我发表在《诸君!》上的论文《结婚难与经济增长》中就曾指出,"女性理所当然地认为要找一个比自己或者比自己父亲收入高的男性结婚。当经济高速增长时,要找到这样的男性很容易,所以大家很早就结婚了。但是,随着经济增长放缓,比自己或比自己父亲收入高的男性越来越少,因此女性要找到合适的结婚对象就变得越来越难。于是,很多人只好推迟结婚,结果导致结不了婚的男女多了起来"。

1975年之后,日本经济由高速增长转入低速增长,而晚婚化,即未婚化也随即出现。

也就是说,那时出现的婚姻现象与经济情况密切相关。经济条件的改变,造成女性找到高收入男性的概率下降。不过,假如女性不介意和低收入的男性结婚,就不会催生未婚化现象。然而,事实并非如此,因为女性在通常情况下,不会选择和低收入的男性结婚。

也就是说,未婚化是在婚姻意识没变,而经济、社会等外部环境发生变化的情况下产生的现象。因为这种现象的产生与经济低速增长有关,所以,我预测今后结不了婚的人还会持续增多。

然而,当时绝大多数上了岁数的人(包括学者和媒体在内)都坚持认为,"结婚是一件再简单不过的事"。而且,很多的年轻人也都想当然地认为,"结婚这种事,只要本人愿意,随时都能找到跟自己结婚的人"。也就是说,在当时,几乎所有的人都认为,未婚化只是简单的"推迟结婚"而已。正因为大家都这么想,导致婚姻问题最终发展成全国少子化这样严重的社会性问题。

虽然无法大声地说出口,今天深陷结婚难的年轻人看到自己身边不少六七十岁的人,往往会这样想,怎么连这样的人都能结婚呢?这恰恰说明了,直到经济持续增长的1975年为止，无论对谁而言，"结婚就是一件只要本人愿意就能轻而易举实现的事"。

其实如果我们能够对1975年之后结婚相关的社会环境所发生的变化以及实际情况进行一番认真细致的调查就不难发现，结婚已经不再是一件容易的事了。

可是，当时的大部分学者、政府人员和媒体都没能认识到这一点。因为他们只倾听自己周围的声音，根本不去调查那些没有大学学历，住在乡下，在饮食、零售等服务行业以及在中小企业工作的人的真实情况。假如能早点对复杂多样的年轻人展开正规的田野调查，我想，未婚化的社会问题也许就可以解决了吧。

坦率地讲，媒体及政府之所以无法看到现象的本质，与他们把调查对象集中在拥有大学本科学历、居住在大城市或是大公司的正式员工、公务员等特殊群体身上有关。可是，这样的人又有多少呢？所以，对社会学而言，最为根本的还是要做好访谈和田野调查。大阪大学吉川彻教授就曾多次指出过这种偏差（《日本的分裂——那些被排除在外的非大学毕业的年轻人们》，光文社新书，2018年）。

于是，当时煞有介事的"主流看法"就这样被人为地制造出来。令人遗憾的是，这类错误直到今天仍在重复上演。

## 未婚化现象的逻辑

这里我们先简单地回顾一下。

关于未婚化现象的基本逻辑，我在1996年出版的《婚姻的社会学》中指出了以下两点。

第一，因为大部分日本人仍持有"男主外，女主内"的传统观念，所以导致结婚人数减少。我强烈反对当时的主流观点——"女性进入社会，导致结婚人口数量减少"。

比如，1990—1992年，我们对20~29岁和父母一起生活的未婚者进行了采访及问卷调查。当被问到"你想和什么样的人结婚"时，大多数女性的回答并不是"能够帮着料理家务的男性"，而是"收入高的男性"。这样回答的不仅仅来自低学历的女性，即使是高学历的女性，也"不能接受对方的收入比自己低"。这说明年轻女性的婚姻观仍然是"男主外，女主内"的传统观念。

对于那些"先预想自己婚后生活，再选择结婚对象"的女性而言，最能反映她们真实想法的，就是我前面用过的那个词——"人生的重启"(即"第二人生")。既然要重启人生,不如通过婚姻让自己的生活变得比现在更好。因此,大多数女性会理所当然地希望结婚对象的收入越高越好。不过,男性的回答却因人而异,有的男性希望自己的结婚对象"可爱",有的则希望对方"会做饭"。总而言之,男性是在根据个人喜好选择结婚对象。对于男性的这种婚姻观,正如上文所说,我认为用"人生的事件"来描述再合适不过。

第二,与"恋爱"有关。20世纪90年代正是恋爱盛行的年代,很多人因为无法确定最终的结婚对象而推迟结婚。也就是说,人们永远想寻找"那个更好的人"。

但是在20世纪90年代以前,情况不是这样。当时日本社会的主流意识是,如果两个人恋爱了,就应当结婚。换言之,必须以结婚为前提交往,才能和对方发生性关系。因为90年代的年轻人,他们的父母大部分是通过相亲结的婚,所以,对那个年代的日本人而言,这是理所当然的事。

可是,90年代以后,人们的思想发生了变化,越来越多的人认为"恋爱和结婚是两码事""即使两个人恋爱也不一定非要结婚"。简而言之,不以结婚为前提的性关系逐渐被社会所认可，享受恋爱本身成为新的社会潮流。以当时的电视剧为例，就是根据柴门文漫画改编的《东京爱情故事》（富士电视台，1991年）所代表的那种恋爱观。剧中的人物可以自由地享受恋爱，不结婚也可以。总而言之，人们很憧憬那种没有生活气息的恋爱关系。顺便一提的是，柴门文后来在写续集《东京爱情故事 After 25 years》时，给未婚妈妈莉香的儿子设定的剧情是要结婚的（小学馆，2017年）。这可能又会成为一个反映保守思想的例子。

对于生活在90年代的日本年轻人而言，他们与父辈不同，能够享受纯粹的恋爱，这让他们觉得自己能做到父母做不到的事。在经济方面也是如此。总之，90年代的那群年轻人无论在收入上，还是在恋爱、结婚上，都能轻而易举超越父辈。

在这里，我必须向大家坦白我当时的一个"错误"。我在前面已经说过，"关于婚姻的基本逻辑，也就是催生结婚难的原因，在这20年之中几乎没有改变"，但有关恋爱，我当时的说法却并不准确。

我曾在《婚姻的社会学》中指出，"大家过于热衷恋爱，所以导致结婚人数的减少"。就当时的情况而言，确实如此。

可是，2000年以后，通过各种调查我们发现，谈恋爱的人事实上呈现出减少的态势。从这里能够看出我当时的说法确实有误。在当时的情况下，我没预料到恋爱人数会下降。不过，今天似乎可以把这句话反过来说，"正是因为大家不热衷恋爱，所以结婚人数大幅减少"。

总而言之，结婚难现象在今天已经广为人知。在这种情况下，如果两个人不能通过恋爱修成正果，这种恋爱会被视为一种无用的恋爱。关于恋爱意识的变化，后面我还会详细分析。

## 从"想结婚就能结婚"到"结婚难"

那么，1996—2018年的22年间，婚姻的状况到底发生了怎样的变化？

从结论上讲，正如我在《婚姻的社会学》中预测的那样，年轻人结不了婚的问题变得越来越严重了。

我在一开始已经介绍过，截至1990年日本未婚率的变化。现在来看看1990年之后的变化。从图表中不难看出，在1995年的时候，年龄在30~34岁的未婚率，男女分别为

37.3% 和 19.7%，而 2015 年的男女未婚率均大幅上升，男性飙升至 47.1%，女性则上升到 34.6%。（图表 1-2）

除了数字上的变化，还出现了一些新的现象，也印证了我当时的预测。这就是我所命名的"婚活"现象。

事实上，当未婚群体，也就是"想要结婚却结不了婚的人"越来越多，并且人们开始意识到这个问题时，其行为就会随之变化（这在社会学上被称为"反身性"）。这就是这 20 年发生的变化。

现在人们的认识，已经从原来的"反正结婚很容易，不如先享受几年单身生活再说"，转变为"想结却结不了婚"。当人们面对这样的现实时，就自觉地把它作为一种指导行为的常识，并依据这种常识采取相应的行动。

其实，我从很早以前就一直在谈论这种变化。可是，日本政府直到 2008—2009 年，也就是众议院议员小渊优子出任麻生内阁的少子化政策·男女共同参画担当大臣时，才首次承认少子化的原因并不仅仅是"保育园的数量不够"，还在于"结婚率下降"。

记得那时，我被小渊大臣组织的政府研究会叫去发言。我说，从出版《婚姻的社会学》到现在都过去 10 年了，政府

**图表 1-2** 不同年龄段未婚率的变化情况

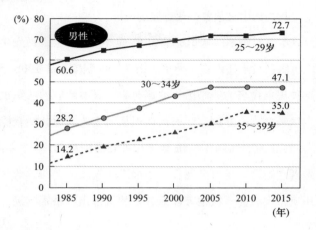

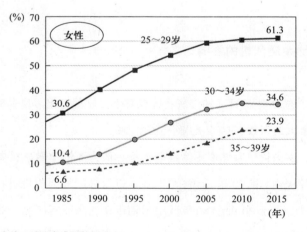

出处：総務省『国勢調査』

现在终于承认,结不了婚的人数增多是造成少子化的原因之一了。我的话中夹杂着一丝嘲讽的味道。

日本人对婚姻的认识,从20年前开始一点一点地发生变化。所以,后来还出现了所谓"婚活"的现象。从2008年我将这种现象命名为"婚活"的那时起,日本政府的认识也开始发生转变:一方面,政府的认识从原来的"想结婚就能结婚",转变为现在的"结婚本身开始变得困难";另一方面,未婚者"婚活"现象有所普及。最近我发现,在两者的相互作用下,中央和一些地方政府开始相继推出"婚姻支援"的服务。

## 亚洲金融危机的影响

这25年,日本的经济状况也发生了显著变化。其中影响力最大的当数1997年的亚洲金融危机。

泰国货币泰铢变更为浮动汇率,成为亚洲金融危机爆发的导火索。紧接着,印度尼西亚,以及韩国等国的货币开始暴跌。由于20世纪80年代中后期以来,东亚各国经济的高速增长吸引了大量来自海外的投资,在这种情况下,突如其来的外资流出、对外债务增加,导致这些国家出现危险的信贷紧缩,给包括日本在内的亚洲各国经济带来巨大冲击。

在亚洲金融危机的影响下,日本国内开始大量雇用人力成本较低的非正式员工。而且,从这个时候开始,日本的劳动派遣法也放宽了限制,开始允许一些原本被禁止的行业和工种雇用非正式员工。

在亚洲金融危机爆发之前,也就是1996年的时候,虽然已经出现"自由职业者"的说法,但很少有人一辈子靠打零工或从事派遣工作维持生计。在那个年代,大部分人如果想成为正式员工,还是很容易的。非正式员工真正大量增加是在1997年之后,从图表中能够很清楚地看到,特别是年轻男性长期依赖打零工或从事派遣工作的现象从1997年开始显著增加。(图表1-3)

在此基础上,我主张的未婚化原因,也就是经济的低速增长这一结构性因素又发挥了杠杆作用,进一步加剧了这一现象。实事求是地说,如果不是因为杠杆作用导致未婚人数越来越多,结不了婚的问题变得越来越严重,恐怕政府还不会采取相关措施。

图表1-3 正式员工与非正式员工人数的变化情况

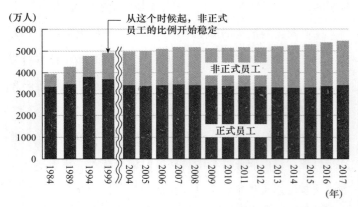

出处：截至1999年的数据源自総務省「労働力調査（特別調査）」（2月調査）長期時系列表9，2004年以后的数据源自総務省「労働力調査（詳細集計）」（年平均）長期時系列表10

于是，虽然日本人对结婚的观念还停留在过去，但围绕结婚的外部环境，特别是经济环境从20世纪90年代后半段开始发生变化，2000年以后，在杠杆作用下，其环境又进一步恶化。

我曾经在《婚姻的社会学》中指出，部分小规模个体经营的继承人和人口稀少的、偏僻地区农户的继承人以及中小企业的劳动者，是"结婚难"的男性群体代表。即使在泡沫经济时期，他们的收入也很难提高。女性在选择结婚对象时，就很少会选择他们，这从20世纪80年代开始成为一个社会问题。但在当时从人数上看毕竟还只是少数。

不过，在此后的20年中，随着非正式雇用的员工大量增加，低收入群体开始从一小部分男性扩大到相当一部分男性雇员。而大多数人的婚姻观念并未改变。在这样的前提下，经济结构又发生了巨大变化。因此，未婚化的问题，正如我所预言的那样，变得越来越严重了。

于是，人们的认识开始从"想结婚就能结婚"向"结婚不再容易"转变。但很多日本女性"婚后主要依靠丈夫的收入生活"，所以"希望结婚对象的收入越多越好"的观念仍没有发生变化。于是，便出现了争抢理想结婚对象的"婚活"现象。

此外，还要加上我没能预测到的社会现象的出现，就是"恋爱衰减"。

我在《婚姻的社会学》中，以恋爱盛行的欧美社会为例，指出"当男女双方都能够各自负担自己生活的时候，婚姻只靠爱情就能够成立。我想，日本社会将来可能也会朝这个方向发展吧"。

然而,事实上,这样的情况在日本根本没有发生。不但如此,与欧洲相反,日本甚至开始出现"恋爱衰减"的现象。

为什么会这样呢?简单来说,和未婚化的逻辑是一样的。那就是人们对婚姻状况的认识发生了变化,而对婚姻的意识却和原来一样。我认为,正是这种"认识"和"意识"之间的巨大落差才造成"恋爱衰减"。关于这一点,后面我还会详述。

第二章

# 婚姻问题的再思考——为什么婚姻是『必要』的?

**婚姻的形态**

话说回来,到底何谓"婚姻"呢?

在考察日本社会近20年来"结婚难"这个棘手的问题之前,我想先简单梳理一下"婚姻"这一基本概念。

在日常生活中,我们每个人都会用到"结婚"一词,也能想象出有关"结婚"的各种场景。但如果从学术的角度来定义"婚姻",却并非易事。

一方面,婚姻的形式多种多样,不仅有限定于一对男女之间的一夫一妻制,还有一夫多妻制、一妻多夫制等,这是绝大部分的人都具备的常识。

另一方面,在不同文化中,婚姻的形式、意义以及功能差异很大。不仅如此,即便在同一个国家,婚姻的形式也千差万别。另外,时代不同,婚姻的外在形式、意义也会相应地发生变化。

即便到了今天,婚姻仍在不断变化。社会发生的各种变化,比如,不同时期的经济状况、人们对性和爱情的看法以及人权意识等因素有所不同,这些都会直接影响婚姻的形式。

不过，一般来说，每个人对婚姻的看法总会受到上一代人，也就是自己父母那代人的影响，因此这种变化相对缓慢。

现在让我们具体看一看变化的时期。

西北欧（这里主要指英国、法国、德国及北欧各国）以及美国大概在一二百年前，日本大概在六七十年前，婚姻的形式完全转变为近代婚姻的[①]。

在前近代社会，由于人们能接触到的婚姻仅限于自己父母那样的婚姻"模式"，因此婚姻形式也就难以产生变化。因为在前近代社会，每个人都在同一种婚姻形式中出生，而且伴随着这种婚姻形式长期生活在同一个地方。因此，恐怕没有人会质疑自己生活的区域里的婚姻形式吧。

比如，如果你出生在一夫多妻制社会，就会顺理成章地认为"结婚就是这样"，并且接受一夫多妻制。一妻多夫制也是一样。比如，在你的周围有很多家庭都是一妻多夫的话，你也会很自然地认为"家庭就该是这个样子"，并且同样会毫

---

① 本书中的"近代婚姻"并不是专指历史分期的近代时期的婚姻，而是指近代以来随着个体化、自由化等观念的普及，逐步形成的、不同于近代之前婚姻的"新型"婚姻形式。——编者注

无抵触心理地组建一个一妻多夫的家庭。

另外,当"人、物、资金"穿越国境,全球开始出现经济一体化的时候,不同的文化、信息就会一齐涌入这个社会。如此一来,人们在婚姻问题上就有了更多的选择:"我应该选择哪种婚姻形式呢?"于是,婚姻就成了个人的问题。这就是婚姻现代化的背景。当我们接触到以恋爱式婚姻为主的欧洲或美国文化时,很多人就会产生"我也想这样结婚"的想法,当持有这种想法的人越来越多后,婚姻就从前近代社会的以家族共同体为中心向近代社会的以个人为中心转变。

以日本为例,1959年当时的明仁皇太子的大婚给日本社会带来了巨大的影响。据官方的说法,明仁皇太子和平民出身的美智子在轻井泽的网球场上一见钟情,两个人自由恋爱后结婚。然而,那时大部分的日本百姓还是相亲式婚姻。当人们知晓此事后,开始纷纷效仿皇太子的做法,认为自己也可以自主选择一个喜欢的人结婚。就这样,一场婚姻加快了时代变迁的步伐,恋爱式婚姻开始在日本广为普及。

那么,何谓近代社会呢?我想在这里简单说明一下。

什么是近代社会,是社会科学中的一个永恒话题。在社会科学领域，前近代和近代之间通常被认为有一条巨大的鸿沟，而社会形态在从前近代进入近代之后发生了根本性变化。

从世界历史的角度看，近代社会兴起于14世纪开始的欧洲文艺复兴（古希腊和古罗马文化的复兴运动，从但丁的《神曲》开始到莎士比亚去世结束），还经历了16世纪的宗教改革（路德抗议罗马天主教会的宗教改革运动），以及18世纪英国的工业革命。随后通过全球化的形式在世界范围内逐步取代了前近代社会，一种新的社会形式建立起来。

日本社会的现代化大致始于明治维新，成于"二战"后。"二战"后，日本一方面推行民主化，另一方面随着产业化的到来，公司职员的人数大幅增加。简而言之，整个日本社会都具备现代化的特征是在"二战"后，特别是在工业化、产业化普及之后。

我想在这里和各位读者一起确认的很重要的一点就是，无论对于个人而言，还是对于社会而言，婚姻的意义在"前近代"和"进入近代之后"的差异极大。我的最终结论是"近代社会是'婚姻不可或缺社会'的开端"。但是，这里我们不着急讨论这个结论，接下来，我将先从"人类"这一宏大视角讨论婚姻到底是什么。

**婚姻的定义**

婚姻是社会的一个组成部分。

如果以一种最狭义的视角，即以最小限度抽取出人类社会的共通部分来定义婚姻的话，可以将其定义为"一种具有恒常性的配偶关系"。

看到这样一个平淡无奇的定义，我想很多读者会大跌眼镜。如果从社会学、法学或文化人类学的立场出发，从词典中抽取共同项定义"婚姻"，就会发现像"恋爱"这样的情感因素是被排除在外的。从跨文化视角来看，两个人之间是否有恋慕之情，在解释"婚姻"的定义时也难以派上用场。

如果把婚姻视为一种制度，在社会科学的百科辞典中，"婚姻"是这样定义的：婚姻"不是男女之间一时的性关系或个人行为形成的同居关系，而是被社会广泛认可的、具有持续性的男女之间的结合，并在当事人中产生一定权利和义务的制度"（比较家庭史学会，《事典·家庭》）。

以现在的制度为例，日本的法律将结婚称作"婚姻"，民法中有很多相关义务和权利的规定，如"夫妻之间契约的取消权"及"同居、合作和帮扶的义务"等。

在文化人类学中，从跨文化视角——无论任何时代、任何地域都能见到的立场——审视婚姻关系的话，"婚姻"与两个概念密切相关：一是"排他性的性关系"（婚内双方的性关系具有特权性质的正当性），二是"婚生子女原则"（婚内双方生育的孩子具有合法的社会地位）。

无论何种文化，所谓婚姻都包含性关系，这种性关系仅限在配偶之间，并且只有婚内所生的孩子才具有合法的社会地位。言外之意就是，如果是婚外所生的孩子，在大多数情况下，其社会利益是很难得到保障的。

重要的是，通过婚姻的形式可以确保某个特定男性成为这个孩子的父亲。因为谁是孩子的母亲很容易判断，但要知道谁是孩子的父亲，通常没有那么简单。正因为如此，婚姻关系才能够跨越不同时代、跨越不同地域作为一种重要的社会关系延续下来（不过，随着最近生殖医学的发展，不仅是孩子的父亲，想仅通过生产这一行为来直接确认孩子的母亲，可能也没有那么简单了）。

其实，除了人类以外，在其他动物中也能见到类似人类的婚姻关系。

比如，很多鸟类在孵蛋时，必须由雄鸟和雌鸟交替进行，所以它们中的大部分也会形成配偶关系。雄鸟和雌鸟协作孵蛋并抚养雏鸟的形式，与人类的婚姻不无相似性。

但是，与人类不同的是，大部分鸟类每年都会更换配偶，雄鸟和雌鸟并非固定的性伴侣。日本生物学家长谷川真理子女士，通过检测鸟蛋中的DNA发现，里面混杂着很多雄鸟的遗传基因，有些基因并非来自与雌鸟配对的（孵蛋并抚养雏鸟的）那只雄鸟。打个形象的比方，鸟类也有"外遇"。

在哺乳类动物中，有些是一夫一妻制，有些像狮子或大猩猩则是一夫多妻制，它们有所谓的"后宫"——一头雄性守护属于自己的地盘，同时让几头雌性为自己繁衍、抚育后代。从某种意义上讲，这些也可以视为"婚姻"。

也就是说，有些动物具有固定的性关系，而且其中一些雄性也能参与照看、抚育幼崽，这符合人类的"婚生子女原则"。从这两点来说，在动物层面也能看到这种狭义上的婚姻的定义。

## 婚姻的起源

动物的事暂且放到一边,人类的婚姻起源于何时呢?由于有关人类诞生的假说众说不一,目前我们还不太清楚婚姻最初的形态到底是什么。

比如,19世纪美国民族学的大家路易斯·亨利·摩尔根曾提出过"原始乱交说"。他认为,在人类初期,多个男人和女人之间可以自由地发生性关系,也就是没有固定的夫妻关系。

的确,像黑猩猩和日本猴的性关系就是一种无法确定父亲是谁的乱交关系。但早期的人类到底是属于黑猩猩的"乱交型",还是属于大猩猩的"后宫(一夫多妻)型",抑或是长臂猿的"雌雄配对型",至今尚无定论。

但不管怎样,今天的文化人类学家告诉我们,历史上所谓的"乱交型"社会在现存的民族中是不存在的。

不过,从跨文化视角来看,这种观察可能带有一定的局限性。因为很多时候,我们观察到的相当于婚姻的男女关系,如果只从外表看,很难知道这两人是否已经结过婚了。也就是说,其实很多社会的婚姻形式并不很明确。

比如，在法属波利尼西亚和印度的部分地区，虽然男女之间存在固定的性关系，但他们并不生活在一起。日本平安时代也有类似的情况。男性到女性的住处访宿，孩子出生后，一开始男女双方也不住在一起。民俗学上将这种婚姻形式称为"访妻婚"（或"走婚"）。

其中，最为著名的要数印度的纳亚尔人。纳亚尔人结了婚，夫妻一辈子都不在一起生活，而是丈夫每天去妻子的住处。当然，如果是这样的话，有一天丈夫去别人那里也不是没有可能。因此，我们很难判断这是不是一种恒常的关系。不过，只要丈夫每天坚持去妻子的住处，就可以认为在这期间他们具有排他性的性关系，而且一旦他们之间有了孩子，谁是孩子的父亲也很明确，因此，毫无疑问，这就是一种婚姻关系。

需要说明的是，排他性的性关系是指具有婚姻关系的两个人，他们之间发生的性关系具有正当性。虽然现在有一种说法叫"无性夫妻"。然而，从社会学的角度来看，无论夫妻之间是否存在性关系，只要婚后两个人有了小孩，那么，婚姻关系中的男性一方就被自然而然地视为这个孩子的父亲。

也就是说，排他性的性关系具有与"婚生子女原则"紧密相连的社会性功能。

"婚生子女原则"的目的是为了让孩子作为某位父亲的子嗣得到社会承认，即便在"访妻婚"盛行的地区，婚姻的这个功能依然存在。比如，《源氏物语》写于"访妻婚"十分流行的平安时代，虽然书中的不少孩子是婚外所生，但仍被视为婚姻关系中男性一方的孩子。

在现实社会里，也有不少非婚生的孩子，他们无论是在过去还是在今天，都受到了很多不公，甚至歧视性的待遇，这也是不争的事实。这从另一个侧面说明了婚姻的"婚生子女原则"所具有的社会功能。

## 婚姻的功能

日本也长期存在有关"私生子""非婚生子女"等问题。

明治时代是日本从前近代社会向近代社会过渡的时期。事实上，这一时期是允许一夫多妻制的。明治民法也做了相应的规定。例如，法律上认可的合法妻子所生的孩子被称为"嫡子"，正妻以外的妻子所生的孩子被称为"庶子"，无法认定父亲是谁的孩子则被称为"私生子",待遇也依次降低。不过,如果放眼世界,世界上的许多地区对"私生子"的歧视程度远不止于此。

事实上,古今中外,出轨或婚外恋导致孩子真正的父亲另有其人的事并不少见。从文化人类学的立场看,确立婚姻关系就是为了认定孩子的父亲是谁,这是婚姻在人类社会中所起的共通作用。

值得注意的是,近年来有不少国家开始承认同性婚姻。也就是说,排他性的性关系并不限于异性之间。由于同性伴侣之间的性关系也可以具有排他性,因此同性婚姻也是成立的。

总而言之,婚姻并不是单纯地两个人在一起生活那么简单,而是要具有排他性的性关系,并且婚姻双方都自觉地认同自己和对方处于婚姻的状态。


还有一点值得注意,虽然人类社会没有出现多夫多妻这种乱交型的婚姻形式,但是像今天的沙特阿拉伯、印度尼西亚等伊斯兰国家以及南非等国,政府是承认一夫多妻制的。

在这种情况下,丈夫的性伴侣就不是一个人。不过,只要是法律承认的一夫多妻关系,一个丈夫和几个妻子之间的性关系就是正当的,并且婚姻的社会性功能依然存在,即他们之间所生的孩子都被视为男方的孩子。

还有一点要说明的是,一夫多妻制并不是为了让男人享乐制定的制度,而是为了提高生育率。因此,对男人而言,这并不是什么开心的事。因为除了经济原因以外,伊斯兰教还规定必须平等地对待每一位妻子,这常常让丈夫感到头痛。所以有人说,假如男人单纯是为了享乐,那还不如不结婚呢。

当然,还有一种一妻多夫制,是和一夫多妻制相反的情况,像非洲一些国家、尼泊尔等还遗留着这种婚俗。虽然现在的法律制度不承认这种婚姻形式,但这种婚姻形式还能在数个民族中被观察到。比如,在尼泊尔,至今还有兄弟共娶一妻的风俗。

同样,因为他们的性关系也具有排他性,而且出生的孩子也被社会视为兄弟共同的孩子,所以,仍然符合狭义上的婚姻的定义。

从以上论述不难看出,婚姻作为一种社会制度,其形式是多种多样的。不同的时代、不同的民族,婚姻形式各不相同。当今社会,婚姻变得更加多样化,像同性婚姻这种形式也出现了,虽然同性伴侣之间无法直接生育,但只要双方处于婚姻状态,在此期间生育(或领养)的孩子,在法律上都可以被认定为他们的子女。

到这里,我简单地梳理了一下"婚姻"的定义。本书姑且先将婚姻定义为"一种基于恒常性的配偶关系",在此基础上,我将围绕婚姻进行进一步具体的讨论。

## 婚姻的效应

对结婚的个人而言,婚姻会带来经济和心理上的双重效应。

前文我已经讲过,婚姻是"一种具有恒常性的配偶关系",因此一个人一旦结婚,将会在经济和心理上同时产生好坏两方面的效应。

首先,讲讲婚姻带来的经济效应。

在绝大多数社会,两个人婚后会在一起生活。也就是说,两个人婚后原则上住在一起,吃大致相同的东西,穿档次基本相同的衣服。当然,不仅仅是衣食住的问题,两个人婚后的身份、职业地位、生活水平、社会声誉也会大体相当。另外，虽然夫妻之间生儿育女并不是婚姻的必要条件，但在大多数情况下，结婚后会生育孩子，因此夫妻双方还需要通过某种方式共同抚育下一代。

总而言之，不管好坏，结婚后夫妻双方的经济状况和生活水平会大体趋于一致。这就是婚姻带来的经济效应，但也有例外。

比如，我在前面已经介绍过的印度的纳亚尔人，婚后夫妻并不在一起生活。纳亚尔人的男女结婚后，无论是男性还是女性，一辈子都仍生活在自己的家中。在男性家里，其姐姐或妹妹所生的孩子被抚养长大，而该男性自己则要到结婚对象那里去繁衍下一代，生下的孩子由结婚对象的家人抚养。也就是说，即便是婚后，夫妻在经济上仍是独立的。

当然，夫妻两地分居的情况和夫妻双方在经济上完全独立的例子也是存在的。

其次，看一下婚姻带来的心理效应。结婚之后，夫妻会成为对方亲密的对象，既包括语言上（如和对方进行语言上的交流）和肢体上的（如亲密接触对方），也包括物质上的（如给予对方或从对方那里得到）。也就是说，将婚姻视为一种配偶关系,同时意味着要让结婚对象得到心理上的各种满足,比如,满足对方的性需求或情感需求等。

当然,上面说的只是一种亲密性较强的情况。事实上,并非所有夫妻都必须如此。比如,我们身边不乏整日吵架的夫妻,有的夫妻之间没有性生活,还有一些夫妻的性需求是在其他地方得到满足的,夫妻关系也能维持得很好。

尽管有各种不同的情况,但是从社会学角度来看,通常我们认为婚后"双方关系会变得亲密,同时也会让对方的性需求得到满足"。

不同时代和不同文化,对"经济效应"和"心理效应"的重视程度也有所侧重。

比如,在前近代社会,夫妻的生活并不是完全独立的。因为他们要继承以农业为主的家业,所以夫妻只是被包含在一个大家庭中的一个小单元。而且,很多时候,即使成为夫妻,爱情或性的需求也不一定要从对方那里得到满足,特别是男性,他们的性需求很多情况下是可以在婚外得到满足的。

因此,这里需要附上一句:近代社会之前的婚姻带来的"经济效应"和"心理效应"在很大程度上会受到外界因素的干扰。

与此相对,在近代社会里,婚姻带来的两种效应则更加单纯。比如,夫妻无须对结婚对象以外的人承担任何经济责任,而且近代社会的文化也不允许和婚外的人一起享受亲密的生活。换言之,婚姻中的排他性原则在近代社会中变得更加纯粹,也可以说,近代社会净化了婚姻带来的效应。

## 婚姻的社会功能

婚姻作为一种配偶关系,还具有维系两个"家庭"——各自的宗族、家庭以及日本传统社会中"农山渔村"里的同族集团——的社会功能。

但是,这样的社会功能在当今社会中已经很难再见。虽然两个家庭之间也有一定的交流,但对对方家庭承担的义务已经降至最低。比如,虽然也有人会对对方家庭进行经济上的援助,但是这种援助并不具有义务性。

有一次上课时,我问学生:"如果结婚对象的兄弟姐妹需要经济上的援助,你们会帮助他们吗?"如果是在前近代社会,我想大多数人会立刻回答"会",因为在那个时候这种援助是必需的,也是一种社会规范。但是到了现在这种规范的约束力已经变得很弱,所以大部分同学的回答是"不会帮助"。

另外,在前近代社会,如果没有父母等家人的同意,当事人双方是结不了婚的。但进入近代社会,由于婚姻在与亲戚的联结这方面的社会功能不断减弱,即便家里人不同意,也不妨碍两个人结婚。

顺便一提的是,在前近代社会,婚姻在维系两个家庭的关系方面具有重要的社会意义。比如,法国文化人类学家克洛德·列维-斯特劳斯曾经指出,结婚其实就是"家族之间交换生殖对象的活动"。

因为近亲结婚的禁忌在不同时代、不同文化中都存在。因此,一个家族为了延续下去,必须从外部获得一个生殖对象。于是,婚姻就成了维系两个家族之间的纽带。

与此相对,近代社会将婚姻视为"组建新家庭的仪式",突出了婚姻作为个人仪式的一面。于是,婚姻从家族的束缚中解脱出来,逐渐演变为"个人欲望的满足"或"自我实现的手段"。

要维持社会的延续,婚后生育是必不可少的。这对于整个社会或一个国家来说,都极为重要。比如,要让构成日本社会或日本这个国家的国民一代一代延续下去,婚后生育就成为一种必然。

事实上,近代社会的一对巨大矛盾正隐藏在这里。

## 婚姻的矛盾

在前近代社会,为了繁衍子孙后代,婚姻与生育紧密地联系在一起。因此,婚姻对于每个人的必要性是显而易见的。

近代社会也是一样。无论从整个社会,还是国家层面看,结婚生子、抚育下一代的重要性依然没变。但是,对个人而言,"结婚是个人的事"这个意识开始在社会上普及。这成为近代社会的一个巨大矛盾,也是婚姻逐渐成为社会问题的主要原因。

具体说就是,一方面结婚和生育是个人行为,另一方面整个社会又依赖于这一个人行为。因此,无论是普通国民,还是政府官员,都不得不关心个人的婚姻和生育问题。这种关心表现在今天就是我们常见的"婚活"现象。

从表面上看,结婚和生育都是自由的,但如果每个人都不结婚、不生育，那么整个社会就会消失——这一矛盾无时无刻不在。更为重要的是，作为一个社会，构成社会的人数既不能太多，也不能太少。虽然现实无法这样，但最理想的状况是，将生育率维持在一个合理的区间内。

正因为如此，无论是日本中央政府还是地方政府，面对结婚难、生育率低这类严重的社会问题都在积极地采取应对措施，想方设法通过政府行为"介入"其中。

比如，日本在"二战"前和"二战"时，为了弥补兵源不足，曾提出"多生多产"（1941年通过内阁决议制定的）的口号，将增加人口作为一项基本国策。"二战"后，由于出现了粮食不足等问题，日本政府出台了限制子女出生数量的政策（节育推广运动）。而近年来，政府又开始积极地开展与结婚和生育相关的各种支援服务。

对于政府的这些政策，有人批评说，"这是对个人自由的侵犯"。但在像我这样的研究人员看来，国家干预结婚和生育本来就理所应当。

因为国家干预本身就是近代社会的特征之一。国家被认为是个人所有，社会也依赖于每个人做出的决定。也就是说，如果个人所做出的决定有与国家、社会存续相悖的可能，那么这就是一个必须被解决的根本性问题。

对于这个根本性的社会问题,我认为,只是对政府的"介入"一味地进行批判,是毫无意义的。如果要批判,首先也应该从如何"介入"入手才对。

前面所述的近代婚姻的矛盾,可以说是个人与社会之间的矛盾。其实,近代婚姻中还包含了另一个矛盾,就是爱情与经济生活之间的矛盾。下一章,在聚焦这一问题的同时,我将重新对近代婚姻进行详细的分析。

第三章

近代社会与婚姻——婚姻不可或缺社会

## 近代婚姻的"经济"特征

可以说,"个体化"是近代社会最大的特征。进入近代社会以后,传统规范对人们的束缚力开始逐渐减弱,生活中人们可以自主选择的部分增加,这成为近代社会的特征。

需要强调的是,这里所说的"个体化",并非随心所欲的意思,而是"每个人有了可以根据自己的需求自由选择的可能性"。也就是说,到了近代社会以后,在婚姻问题上,人们既可以选择和某个人结婚,也可以选择不结婚。

那么,"个体化"给社会带来了怎样的变化呢?

就婚姻而言,其变化可以归纳为以下两点。

首先,从社会经济的角度看,进入近代之后,每个人未来的生活将无法再自然而然地得到保障。

然而,在前近代社会却不是这样。那时,家中的男性(特别是长子),只能继承父业而别无选择。反过来也就是说,在前近代社会是不存在找工作这一问题的。比如,一个女性因为嫁到与自己父亲做相似职业的家庭中,所以在男方家也过着与自己母亲相似的生活,如此度过一生。

其次，进入近代社会以后，有了选择职业的自由。因此，如果自己不去寻找工作就没有工作可做。也就是说，近代社会要求每个人都必须自食其力。

如前文所述，维系两个不同的家庭是婚姻在前近代社会中的主要作用。对于经济基础以农业和个体经营为主的社会而言，人们只有通过"继承"的方式，才能把家业传给下一代。因此，在这种社会里婚姻是必不可少的。换言之，在前近代社会，家里的农地和商铺就是人们生活上的保障。

进入近代社会，传统意义上的家业衰退，各种企业纷纷出现，大部分人作为雇员工作。这就产生了职业选择的自由，很多人无法"子承父业"，必须自己找工作。也就是说，近代社会是一种"生活无法自然而然得到保障"的社会。

## 近代婚姻的"心理"特征

下面看一下心理方面。

从心理层面来看，在近代社会"身份认同是无法自然而然实现的"。

在前近代社会，每个人一生都有自己的"位置"。与其说

"有",不如说"被束缚"在那里更贴切。因此,在那时追问"我是谁?"这个问题是毫无意义的,因为每个人都会自然而然地获得熟人、朋友。

但进入近代社会,人生的意义需要自己去寻找。人际关系也是一样,能够认同自己的人只能靠自己去寻找。当然也要承担由此产生的可能被孤立的风险。

为了缓解来自生活、心理以及人际关系上的种种焦虑和不安,所谓"近代家庭"诞生了。下面我来详细地阐述。

在前近代社会,人生意义和存在价值,也就是身份认同的问题,能够通过传统宗教或在居住的社区内自然而然地得以实现。但是,到了近代社会,随着宗教和社区发挥的作用不断减弱,身份认同已经无法自然地实现。

说得专业一点,就是出现了像克尔凯郭尔以及萨特等存在主义哲学家所说的"存在主义焦虑"或"存在性焦虑"——"我到底是不是应该这样?""我是不是被孤立了?"。近代社会要求人们必须自己想办法来消除这些心理上的焦虑和不安。

于是,为了消除这些"存在性焦虑",每个人都必须依靠自己的力量去寻找那个能够让自己信任的存在,也就是认同自己的对象。

而认同自己存在的根本就在于"亲密性"。也就是说,近代社会的人际关系并非前近代社会那种自然而然赋予式的人际关系,而是一种必须靠自己主动选择或被别人选择的人际关系。同时,正因如此,也会产生没有人选择自己作为亲密对象的风险。

顺便说一句,在今天的日本社会,有一些像创价学会、立正佼成会那样的新兴宗教团体。有不少人在那里实现了自我的身份认同,有些宗教团体还会搞一些经济上的互帮互助。比如,规模较大的宗教团体不仅会提供奖学金,如果你跟他们说"我们正在为孩子找工作发愁",他们还会从中斡旋帮你的孩子找工作。

不过,从人数上看,生活在这样的宗教团体(包括传统宗教)中的人毕竟只有一小部分。

其实,无论是宗教团体,还是其他性质的团体,我认为,只是在其内部经济互助的话,并不利于社会发展。与其如此,不如从里面走出来,只有每个人都实现了自身的富足,整个社会的经济才能得到发展。

对于一个家庭而言也是一样,如果因为某个家庭成员经济困难,而不得不长期对其经济援助的话,很可能连自己也会被一起拖垮。因此,只有从大家庭中独立出来,首先让自己富起来,家庭财富才会增多。

别人向自己伸出援助之手,就意味着自己也要帮助别人,两者互为表里。因此,在社会发展中,"只要把自己家人照顾好就行了"这样的社会对那些有能力的人而言,是非常有利的。所以,在近代社会,宗教团体和家庭集团的功能在逐渐弱化。近代社会特征之一的"个体化"指的就是这个意思。

因此,当经济进入高速发展期,日本社会不再依赖地域共同体和家族,并且97%的人都能结婚。从这个意义上讲,所谓经济高速增长期其实就是"鱼和熊掌可以兼得"的一个非常特殊的时期。不过,即便这样,还是有一部分掉队的人没能抓住机会。说得简单粗暴一点,正是他们中的一些人最终加入了那些莫名的新兴宗教组织,甚至是奥姆真理教。

**近代婚姻的形成要素**

言归正传。现代化带给婚姻的是"个人的选择"。

就像历史社会学家爱德华·肖特在《近代家庭的形成》

一书中描述的，英国和法国进入19世纪后，配偶选择权逐渐从父母的手中让渡到个人的手中。后来，美国也出现了同样的现象，但是由于美国从建国之初就信奉近代社会的自由原则，所以和英法相比，美国的转变更加迅速。

"个人的选择"产生的一个主要因素就是工业革命。社会不再是个人可以继承家业的社会，并由此带来了婚姻个体化这一决定性变化。也就是说，个人选择配偶组建近代家庭的条件，就是男性不再继承家业，并离开父母到外面寻找工作——"职业的个体化"。

因为继承家业也就意味着继承家庭财产。因此，对于个体经营的继承人而言，他们是很难违背父母意愿，完全按个人的意志选择结婚对象的。当然，这并不是说，在前近代社会就不存在和心上人私奔的情况。比如，我们在近代初期的小说中能经常看到此类题材。

人类社会中的变化都不是一蹴而就的。然而，工业革命导致年轻雇员的数量不断增加，出现了一种越来越显著的变化：很多年轻的公司职员从父母那里独立出来，通过结婚组建了属于自己的小家庭。当然，如果一个人无法找到配偶，那么就注定只能一辈子孤单地生活，同时，生活上也将伴随各种困难。

这是近代婚姻的一个基本形式。换言之,"如果男性不走出传统家庭到外面谋生的话,也就不会产生近代婚姻"。

当个人具有婚姻的选择权后,从理论上讲,年轻人要结婚组建新的家庭,就必须从父母那里独立出来自己生活。在今天看来,这是理所当然的事,但在当时并非如此。

如前文所述,在前近代社会,夫妻所扮演的角色就是一代一代的家业继承人和家业继承人的妻子。但进入近代社会,从传统家庭中独立出来的"核心家庭"被赋予了新的角色——"夫妻共同生活和亲密性的基本单位"。

这里的"共同生活和亲密性的基本单位"是指,它一方面促使夫妻开始在经济上独立,另一方面,也成为他们消除存在主义焦虑,实现身份认同的源泉。

也就是说,在近代社会,夫妻从父母那里独立出来,经营自己生活的同时,他们建立的核心家庭逐渐成为其人生意义的所在。具体来讲,就是组建家庭、过亲密的生活、生育子女等。因为只要有家人陪伴,就不会感到孤单,所以人生的意义就是经营好自己的家庭。

因此，所谓"婚姻"不仅是和自己喜欢的人结成配偶关系，更为重要的是，找到和自己共同生活以及心理上能够亲近的对象。从这个意义上讲，在建立这样的家庭的过程中，"婚姻"其实就是人生中一个重要的"事件"。

也就是说，在近代社会，婚姻的意义远不止结为夫妻、建立一个社会单位那么简单，而是要寻找到一个能和自己一起抚育子女、共同生活的对象，同时也是一个认同自己、能和自己保持亲密关系的对象。因此，确切地说，婚姻是人生中的一场关键性的事件。

反过来说，在近代社会，如果不结婚就意味着同时要面对严峻的双重孤立，既有来自经济方面的孤立，又有来自心理上的孤立。

前近代社会则不存在这样的问题。因为即便不结婚，人们在家族、宗教或地域共同体中，也可以轻松地得到经济上的保障和心灵上的安慰。比如，如果是单身的状态，既可以选择让家里的兄弟姐妹照料自己，又可以选择进寺庙或修道院。这一点我会在后文详述。但是，在近代社会，一个人如果不结婚，生活就会变得举步维艰。换言之，近代社会对不结婚的人而言，并不是一个友好型社会。

就生活的稳定性和亲密性而言，家庭在近代社会中的作用是不可代替的。从上面的介绍中也不难得知，婚姻包含经济上的共同体和心理上的共同体，它们共同构成了近代社会中的一对"矛盾"。对个人而言，这对矛盾又会引发各种问题。

我在上一章已经指出，近代婚姻中存在一对矛盾："一方面结婚、生育是个人行为，另一方面整个社会又依赖这种个人行为"，这是从社会的角度来说的。

从个人的角度来看，婚姻既有经济共同体的一面，也有心理共同体的一面，这两方面共同成为近代婚姻中的重要课题。

## 恋爱式婚姻的纯粹化

到了近代社会，婚姻已经演变为一个重要事件，要从经济上和心理上选择一个对自己人生来说不可或缺的对象。因此，人们在理解婚姻时，也需要从经济和心理这两方面入手。

我在前文也提到了，这意味着婚姻的意义开始变得纯粹化。

从心理特征上看，这个自己喜欢的、与自己恋爱结婚的人，既是未来和自己相互认同、朝夕相处的伴侣，也是让自己获得亲密性、恋爱情感、性需求等各种满足的对象。

而在前近代社会，全部的情感并不需要从一个人身上得到满足。比如，自己的身份认同可以通过相同的宗教信仰或在地域共同体得以实现。比如，我可以找这个人满足自己的聊天欲望，找那个人满足自己对性的需求，实现每种需求的对象可以是不同的人。但是，生育这件事必须由妻子完成。除此以外，丈夫完全可以到别处寻欢作乐。

但是，到了近代社会，所有的情感需要在配偶一个人身上得到满足。不过，在今天，配偶间的这种相互依存的关系已经有所减弱。这一点我会在后面详述。

同时，在近代社会，人们在经济上也开始依赖于配偶。婚姻成为夫妻二人共同抚育子女、共同生活的重要条件。

直到最近，大部分夫妻之间实行的还是"家庭性别分工"，也就是，男人负责养家糊口，女人负责料理家务、照顾孩子等无偿劳动。所谓性别分工是指，女人需要男人来养活自己，男人也需要女人为自己做家务、带孩子，夫妻双方在经济上互不可缺。

因此，对于个人而言，近代婚姻能够带来心理和经济两方面的安心和保障。如前所述，近代社会的单身人士则要同时应对来自心理和经济的双重压力。

此外,那时的单身还意味着几乎没有人认同自己。如果是女性则意味着缺少经济上援助自己的人,如果是男性则意味着缺少生活上照料自己的人。

考虑到这些内容的重要性,我想重新梳理一下。

在近代社会里,婚姻是建立核心家庭的重要仪式,而这个核心家庭既是夫妻共同生活的场所,又是建立亲密关系的场所。从这里可以得出两个重要结论:一个是恋爱式婚姻的不可或缺性,一个是共同生活的不可或缺性。

也就是说,在近代社会中,我们一方面要寻找一个能认同自己的人,另一方面这个人还必须能成为自己亲密的对象,这就要求婚姻的形式必须是恋爱式婚姻。如果这个人不能和自己在未来的人生中相互认同的话,就无法消除那种存在主义焦虑。

在前近代社会,因为婚姻并不建立在爱情的基础上,所以和自己结婚的人并不一定是认同自己的人。也就是说,一个人即使结婚也不一定能消除存在主义焦虑。但在近代社会,要生活下去就需要通过结婚消除这种焦虑,而且这种婚姻最好是恋爱式婚姻。

因为,在近代婚姻中,一个人不仅要求从对方那里获得安心感,还要得到亲密感、恋爱情感、性需求等各种满足。

与此同时,建立新的家庭,意味着构建一个新的生活共同体。这里当然也包含抚育子女的问题。

于是,近代社会出现了一种性别分工的现象。以个体经营为中心的社会开始向以公司雇员为中心的社会转变,由于已经无法从亲人、近邻那里获得相应的帮助,于是就形成了男人在外面工作挣钱、养家糊口,女人在家料理家务、照顾孩子的格局。

也就是说,夫妻二人必须依靠双方的力量,才能完成挣钱养家和料理家务、抚养孩子的任务,所以就形成了夫妻间的分工合作。因为在外面忙着挣钱的男性承担不了的家务和抚养儿女的任务只能由女性完成。

因此,在近代社会,婚姻对于个人而言就变得不可或缺了。

所谓"不可或缺",反过来说就是,如果不结婚,一个人生活起来就会举步维艰。首先,不结婚就没有一个能从心理上认同自己的人,说得直白一点,这个人会感到"孤单"。其次,不结婚,在经济上就得一个人既忙着挣钱,又要独自承担家务,更不要说要孩子、养孩子了。一旦出了什么状况,也没有人能帮助自己,其困难程度可想而知。

因此,可以说,近代社会从诞生之日起就伴随着一种困难,即单身男性缺少一个照顾自己、给自己生孩子的人,而单身女性则缺少一个能在经济上依靠的人。

**社会再生产导致的矛盾**

这里我想重新梳理一下。

因为婚姻已经变成人生中必不可少的,而要消除各种存在主义焦虑,寻找和自己共同生活的人这件事,只能通过个人来完成,所以,在"个人"和"社会"这两个层面上,婚姻中催生出一对巨大的矛盾。

关于社会层面的矛盾,我在上一章已经讲过,那就是,结婚是个人行为,同时社会的再生产又必须依附这个个人行为。

换言之,虽说结不结婚是个人的选择,但是要想让社会有序地持续发展下去,必须让大部分人都结婚、生育。

这既是个人的矛盾,又是近代社会的巨大矛盾。因为要维持社会的秩序、维持社会的可持续性,最好人人都结婚、生育。但关于结婚和生育问题,我们又提出"个人自由"的口号,所以,近代社会要时时刻刻面对这一矛盾。

从个人层面上看,婚姻中最大的矛盾就是爱情和生活之间的矛盾。

近代婚姻要同时解决爱情和生活这两个方面的问题,就需要结婚对象同时满足两个条件。

第一个条件是,结婚对象必须是一个能够认同自己的人。换言之,结婚对象必须是值得自己一生相爱的人。第二个条件是,结婚意味着两个人将开始一段新生活,那么婚后的经济水平必须要高于自己的期待值。

然而,要遇到能同时满足这两个条件的人着实不易。正因为如此,很多近代小说才会围绕爱情和生活这两者之间的矛盾展开。主人公要么是为生活所迫,不得已和自己不喜欢的人结婚,要么虽然和自己喜欢的人结婚,但婚后的生活过得异常艰苦。

总而言之,当爱情和生活成为近代婚姻的两个必要因素后,婚姻的条件也被拆分为两个,这对近代婚姻中的个人来说是一对巨大的矛盾。

同时,这也是导致现在的日本社会结婚难的最大原因。

说得直白一点，自己喜欢的人不一定具有经济实力，而且即便一时经济条件好，也不能确定之后是否会发生变化。同样，经济条件好的人，未必自己就一定喜欢，而且今后能否永远值得自己信任也无法保证。

总之，对个人而言，有很多经济上和心理上的矛盾，这些矛盾都是引起近代婚姻不稳定的重要原因。

后面我还会详细说明，当今社会，人们在婚姻问题上，首先选择的是这个人的经济实力，还是两个人之间的爱情，出现了两种不同的结果。一种是像欧美国家那样把爱情放在第一位，经济次之；另一种是像日本等亚洲国家那样，首先考虑对方的经济实力，其次才是爱情。

作为近代社会婚姻的条件，选择和谁结婚，对于一个人来说具有决定性的意义。

因为夫妻是一个亲密的存在，所以双方必须相互认同。这里的关键是两个人之间是否拥有爱情，这也成为结婚与否的重要标准。而且，这段爱情是否能持续下去，或者说是否离婚，也是一个很大的问题。

同时，结婚还是一段新生活的开始。所以，婚后的生活水平要大于婚前的期待值。

美国的经济学家理查德·伊斯特林提出"伊斯特林假说",即"当经济低迷时,结婚人数也会减少,当经济向好时,结婚人数也会增多"。这个假说将婚姻中的经济因素说得一清二楚。

但是,伊斯特林聚焦的只是暂时性的经济低迷,并没有考察经济结构上的变化。今天的日本及其他东亚国家所面临的婚姻危机,其根源在于经济结构发生了变化。关于这一点,我会在后文中详述。

## 未婚者无立足之地的社会

就这样,在近代社会,婚姻对一个人来说变得不可或缺。如果不结婚,无论在经济生活上,还是在感情生活上都会遇到各种困难。因此,近代社会也成为"婚姻不可或缺社会"。

换言之,凡是到了适婚年龄的人都会结婚,近代社会在这样的前提下才有了各种制度以及身份认同。这就是近代社会的基本存在方式。

而在前近代社会,即便不结婚也不会没有立足之地。关于这一点我在拙作《"家族"难民》中有详细的说明。例如，在前近代社会，有一种"住一室"①的形式，即不结婚的非嫡长子也能够继续待在村子里生活。另外，未婚者如果在日本，可以选择去寺庙，如果在欧洲，可以选择去修道院度过余生。

也就是说，即便那个时候有一定数量的人不结婚、结不了婚或不能结婚，他们在经济上、身份认同上也是有保障的。

但是到了近代社会，如果不结婚就失去了立足之地。

在近代社会，夫妻被赋予了一种特权。反过来说，没有家庭，自己的生活就无法得到保障，这就是现代化。

在前近代社会，如果生活上遇到了困难，亲戚和村子里的邻居会伸出援助之手。

但是在近代社会，如果发生同样问题，除了自己的家人——自己的父母或者自己的孩子，无法期待核心家庭以外的人给予帮助。也就是说，一个人只要自己不组建家庭、不结婚生子，一旦出现问题将困难重重。

---

① 日语写作"部屋住み"，指尚未继承家业的长子，或次子以下的未分家独立出去，而是和父兄住在一起的男子。这里指后一种情况。——译者注

除家人以外，虽然还有一些亲密关系存在，比如朋友，但朋友终归无法成为依靠的对象。因为我们在朋友身上既无法寻找永远的心灵慰藉，也无法实现自己的人生价值。

事实上，除了关系亲密的家人以外，没有其他人能够时时刻刻认同自己，这是近代社会的特征。

在过去，只要一结婚就必须自觉地中断和其他异性的接触，当然现在这种情况已经很少见了。正因为人们普遍持有这样的观念，那些在婚外发生的性关系以及和异性之间产生的亲密关系才被视为一种不良行为。

在近代社会的形成期，也就是从前近代婚姻过渡到近代婚姻的时候，有很多所谓没有爱情的婚姻。这导致有些人在婚外寻求爱情。因此，当时出现了大量以婚外恋为题材的小说。

这是因为前近代社会是一夫多妻制，所以男性理所当然可以和很多女性保持亲密的性关系。此外，像盐野七生的《海都物语：威尼斯一千年》（中央公论新社，1980年）中描述的那样，在16—17世纪的威尼斯，女性的婚外恋也是很普遍的现象。在丈夫出海远行期间，女性会和其他男性发生亲密关系。

但是进入近代社会之后,婚姻开始强调"以爱情为基础",那些结了婚却没有爱情的人开始在婚外追求自己的爱情。在这种情况下,婚外恋作为一个人们关心的话题,很快成为众多小说选取的题材。

而且,当近代婚姻开始走向消亡的时候,婚外恋在现在的婚姻中也是一个常见的话题。但和过去不同的是,现在搞婚外恋的人多了,人们大多认为婚外性行为没有什么大不了的。

总而言之,无论是近代婚姻开始的时候,还是其走向终点的时候,婚外恋的问题都浮出了水面,进入人们的视野。

对于个人和整个社会而言,社会、经济条件给婚姻带来的矛盾,一直延续到今天。那今后婚姻会向何处发展呢?

我在这里可以简单地展望一下:欧美等国正朝着"不婚社会"一点点发展,而日本和其他东亚国家正朝着"结婚难社会"发展。

近代婚姻建立在亲密性和经济生活这两个因素一致的基础上。无论是日本社会,还是欧美社会,在最开始的时候,都具备了促使这两个因素一致的社会条件和经济条件。但是,随着外部条件发生变化,亲密性和经济生活之间逐渐产生矛盾。于是就出现了两种结果:要么不再需要婚姻,要么结婚变得很难。

下一章,我想先回顾一下明治以及"二战"前的婚姻形式,之后再详细讨论日本"二战"后的婚姻形式。

# 第四章 『二战』后日本的婚姻状况——全员结婚社会的到来

## "二战"前门当户对的婚姻

下面简单梳理一下明治以后日本的婚姻发生了哪些变化。

直到"二战"结束之前,日本的婚姻还深受门第出身的影响。阶层不同,婚姻的形式也不相同。虽然明治政府大力推行现代化,也就是"婚姻自主",然而,实际上,所谓的"婚姻自主"只是一句空泛的口号。

当然,由于受欧美等国的影响,"自由恋爱式婚姻"的思想观念很快在街头巷尾传开,但主要还是在知识分子阶层中。同时,这一时期还出现了大量的以恋爱为题材的小说,基本上讲述的都是相似的内容,即主人公一方面追求自由恋爱,另一方面因为遭到周围人的反对而郁郁寡欢。

其中,最早且引起很大轰动的恋爱式婚姻,莫过于时任外务官员、之后又出任首任文部大臣的森有礼1875年的"契约婚姻"了。当事人双方承诺"只要不撕毁协议就要互敬互爱",并在好友福泽谕吉的见证下举行了婚礼。此事是否属实暂且不论,当时很多媒体都争相对这场自由选择结婚对象的婚姻进行了报道。

然而,同样是知识分子,还是像森鸥外那样的情况占了大多数:虽然他留学时曾和一位德国女性坠入爱河,但最终迫于家庭的压力,在婚姻上遵从了"父母之命"。

日本从明治时期到"二战"前的这段时间里,由于社会的重心依然在家族共同体上,因此婚姻还是以继承家业为首要目的。

一般来说,长子在成家之后继承家业。如果家中没有男孩,就让长女的丈夫入赘。总之是长子(女)单独继承。如果没有孩子,就过继一个。因为婚姻的首要目的就是要通过这种方式组成家庭来继承家业,因此婚姻形式也必须与之相符。

在法律上,如果是家业继承人的话,即便本人愿意,也必须得到父母的同意才能结婚(明治民法第七百五十条规定"家庭成员结婚或过继子女必须得到户主的同意",第七百七十八条规定"婚姻,仅限于左边的情况,为无效:一、由于错认人及其他事由,当事人之间无结婚的意思时"等)。

离婚也是一样,即使当事人并不想离婚,但迫于父母的压力不得不离婚的情况也很普遍。

另一方面,如果不是长子,在法律上结婚则可以相对自由：男性30岁以上，女性25岁以上，无须父母的同意也可自主选择结婚对象（明治民法第七百七十二条规定"子女结婚需要获得家里父母的同意，但是男子满30岁、女子满25岁后则不受此限制"）。人们通常认为为了推动西洋化而制定的《大日本帝国宪法》中不仅包含关于"居住、搬迁的自由"，同时也有"职业选择的自由"。

然而，虽然法律如此规定，但由于受社会、经济条件的制约，实际情况并非如此。比如说，从经济上来讲，一般谁继承家业，家业便成为他的工作，于是就出现了"有工作或没工作"的问题。

家业是与经济基础紧密相连的。其结果是，人们为了继承家业而选择一个合适的对象结婚，这成了婚姻的基础。

但是，就这一点而言，不同的阶层之间会有很大的差别。

上流阶层和中流阶层为了继承家业，必须选择门当户对的对象。所以通常情况下，父母会干涉婚姻，也就是父母会包办婚姻。同时，"一夫多妻"的旧俗还在，男性可以在明媒正娶的妻子之外和其他女性谈恋爱，甚至可以娶妾。

相比之下，普通百姓则可以相对自主地选择结婚对象。

因为和上流、中流阶层不同，如果双方都是普通百姓，那么无论和谁结婚，婚后的生活水平基本上都大体相当，因而相对自由。不过话虽如此，也不是完全没有人干涉。

比如，在日本的农村和渔村有一种"夜爬"风俗。通常情况下，有一个当地人专门负责此事，告诉男子"今天你该去谁谁家"。之后如果女方怀上了孩子就要和女方结婚。但这种管理体制十分松散，多数时候基本上还是自由选择结婚对象（服部诚，《近代日本的相识与结婚——从恋爱到相亲》，载平井晶子等编《相识与结婚》)。

不过，不管怎么说，当时很少有"门不当户不对"的情况。

## 社会性惩罚与一夫多妻制

婚姻的形式多种多样，既有父母双方为子女挑选结婚对象的情况，也有带结婚对象到家中见家长，征求父母意见的情况，但无论哪种，父母的影响都无法低估。

结婚对象能否达到要求，要由父母和地域共同体来决定。而判断的标准就是对方的门第与出身，也就是对方家业的规模和经济实力。因为从明治时期到"二战"前，日本还是以个体经营为主的社会,这时判断对方门第出身的最主要标准就是对方家业的规模。

通常情况下,只有两户人家门当户对,才能结婚。特别是在将来继承家业的长子或长女的婚姻中,父母起着决定性作用。虽然从上流阶层到普通百姓,家业的规模有所不同,但都会选择一个与自己门当户对的结婚对象。

不过,如果不是继承家业的长子或长女,他们的婚姻又会是另一个样子。

对于家里长子以外的其他男子而言,他们可以离开自己的家到别人家谋生,和谁结婚也相对自由。但是,如果他能力不够,则很有可能因为没有女性选择而无法结婚。也就是说,虽然他们在结婚上相对自由,但也要承担更多的风险。

如果是要继承家业的长女,那么,她就必须通过入赘婚的方式结婚,而结婚对象通常是别人家长子以外的儿子,这就是长女的命运。那些不需要继承家业的、长女以外的女性,她们的婚姻则相对自由一些,但通常也要嫁到一个和自己家大体门第相当的人家。

不过,这些女性也有机会嫁到比自己出身更好的人家。也就是说,她们既有嫁到宽裕人家做正妻的可能,也有做富人的妾的可能，当然也可以留在父母身边不出嫁。也就是说，比起男性，她们面临的选择更多，但风险也更大。

从结婚的过程看，既有父母包办、没有和对方见过面就结婚的情况，也有双方见面之后再结婚的，当然还有自己选择结婚对象的。总之，具体形式多种多样。

虽然不同阶层都有各自的婚姻形式，但如前所述，能否结婚最终还要得到父母和地域共同体的认可。也就是说，门第出身决定结婚对象。

而那些门不当、户不对的婚姻，当事人是要接受相应惩罚的，如"村八分"① 或断绝亲子关系。其中，来自父母最大的惩罚就是在小说中能经常看到的"断绝亲子关系"。一旦断绝了关系，当事人就不能再继承家业，从而会失去经济依靠。

而比较轻的惩罚是来自父母或其他家族成员的语言暴力，这些场面在小说中也经常出现。

在这里有一点需要注意的就是，从明治时期到"二战"前这段时间里，日本还保留着一夫多妻的旧俗，如上流社会，

---

① 日本传统农村社会的一种制裁。除了葬礼和火灾以外，村里人与其断绝所有来往。——译者注

特别是华族①、政治家、富农、富商，他们实际上实行的都是一夫多妻制。因此，虽然他们挑选正妻时首先看对方的门第出身，但对正房以外的侧室则可以自由挑选。

不过，与伊斯兰国家的习俗不同，在日本，正妻和其他妾原则上是不住在一起的。也就是说，要给这些妾和她们的孩子另外准备住处。换言之，如果没有足够的经济实力，是无法实现一夫多妻这种婚姻形式的。

比如，截至明治中期，非婚生子女（此处指非正妻所生子女）的比例大约为10%。也就是说，未婚女性所生的婴儿占全部出生婴儿的一成左右。

到"二战"以前，大部分未婚母亲因没有经济来源几乎无法独立生存，而这些人中的大多数很可能是所谓一夫多妻制中的妾。大概每10个孩子里有1个是妾所生。由此可以推知，大概每10个男性里有1个的婚姻是一夫多妻。而这个比例基本上和当时的上流阶层与中流阶层在日本总人口中的占比大致相当。因此可以推出，当时的上流阶层和中流阶层大部分都是一夫多妻。

---

① 指皇族之下、士族之上的享有贵族待遇和特权身份的人。——译者注

另外,"二战"刚结束时,在一段时期内还保留了"通奸罪"。如果已婚女性和别的男性有了外遇就要受到相应的惩罚(该男性也是同罪),但已婚男性如果和未婚女性有了外遇(包括买春)则被认为是理所应当的事。

未婚女性必须通过某种手段才能生活下去。也就是说,一方面,那个时候能够经济独立的女性还很少;另一方面,男性的外遇对明治时期到"二战"前的未婚女性而言,要么是自己为了生活下去而卖春的机会,要么是为了能让这个男人养活自己,让自己成为这个男人的妾的机会。

也就是说,男性的外遇行为是不会受到社会谴责的。除了上述两种情况以外,其他的情况在当时则非常少见,如果有,那一定是可以见报或写进小说里的稀罕事。

## "二战"后的自由婚姻

上一章我说过的"近代婚姻",在日本普及于"二战"结束后到经济高速增长这一时期。

首先,让我们看看"二战"后婚姻发生了怎样的变化。"二战"结束后,日本很快颁布了《日本国宪法》,修订了民法，并且原则上提倡婚姻自由。同时，还废除了坚持传统"家"制度的明治民法中有关婚姻的各种限制，比如，结婚需要户主的同意等。

从此以后，父母及地域共同体在当事人选择结婚对象这件事上的影响力逐渐减弱。

《日本国宪法》第二十四条规定"婚姻仅以两性的自愿结合为基础而成立"，同时，新民法也规定，如果已经成人，则当事人的婚姻可无须得到父母的认可。

这样一来，婚姻自由的思想作为整个社会的意识得到了广泛宣传。虽然来自父母和地域共同体的影响力逐渐趋于弱化，但像结婚这样的社会习俗，并没有像法律规定的那样出现显著的变化。

直到1955年日本进入经济高速增长期，随着经济结构的明显变化，婚姻才发生实质上的变化。

1955年以后，随着产业化社会的到来，公司职员的数量不断增加，由此导致传统家业不断走向没落。在这种情况下，家里的男子在经济上开始独立，可以不再依靠父母，因此父母在婚姻中的影响力也就逐渐减弱。

同时，城市化也随之而来。虽然过去的那种传统的经济共同体并未立刻消失,但随着背井离乡去大城市工作的年轻人越来越多,地域共同体对这些人的约束力也越来越小。

此外,随着经济高速增长,恋爱式婚姻开始普及,相亲式婚姻随之发生质变。

明治时期,像欧洲和美国的那种"建立在两个人你情我愿基础上的"婚姻形式只在一定程度上为人所知。当时"恋爱"一词尚未普及。因此,那时只有去欧美游学、留学过的一部分精英知识分子、小说家、学者才有机会目睹这种婚姻形式。

而对于大部分没见过恋爱式婚姻的人来说,要接受这种婚姻形式仍有很大难度。因此可以说,在"二战"之前,大部分的日本人是不知道欧美那种恋爱式婚姻的。

欧美中产阶级的恋爱式婚姻在日本广为人知,是在"二战"结束之后。

那时,大量的欧美电影、影视剧涌入日本,通过这些渠道,人们开始亲眼得见这样的"现实"——不顾父母的反对,只要两情相悦就可以在一起生活。

虽然在"二战"前,电影作为为数不多的一种娱乐方式就已经进入普通百姓的生活,但由于战时,欧美电影一度被禁止,因此直到"二战"结束,这种变化才突然爆发。

在当时以恋爱为主题的日本电影中,我认为,小津安二郎导演的作品是很有意思的。他的很多电影讲述的都是一开始梦想恋爱式婚姻的人,在遭遇各种挫折后,最后还是通过相亲方式结婚的故事。小津的作品有一个特点就是,他喜欢聚焦父女关系,很少描写作为结婚对象的男性。

比如,他导演的《晚春》(1949年),这部电影讲述了一位早年丧妻、当大学教授的父亲十分担心女儿是不是会恋爱结婚的故事。在女儿遭遇了各种挫折后,父亲决定给女儿介绍对象,这时碰巧父亲的妹妹来说媒,于是父亲就将男方介绍给自己的女儿。虽然女儿一开始十分苦恼,但最终还是遵从了父亲的意愿。

和《晚春》同年上映的还有一部很受欢迎的电影,是今井正导演的《青色山峦》。这部电影描写的是男女之间那种淡淡的恋情。而这两部电影的女主角都是日本演员原节子。

此外,讲述恋爱的广播剧《请问芳名》在当时大受欢迎,1953年被改编成电影搬上银幕后,同样大获成功。

就像这样,在"二战"结束后,讲述两个人互有好感的交往、结婚之类有关个人生活题材的电影开始为大众普遍接受。

此外，我在第二章已经说过，1959年当时的皇太子明仁（平成时代的天皇）和正田美智子小姐（平成时代的皇后）的大婚也是一个非常重要的契机。当时有报道将两人在轻井泽的相识称为"网球场之恋"。他们不顾周围人的反对，毅然决然地选择对方为结婚对象的故事，被普罗大众传为美谈。

连日本社会最高阶层的人都可以自由地选择结婚对象，这对于恋爱式婚姻的普及毫无疑问起到了难以估量的作用。

同时，很多日本人观看美剧也是从这个时候开始的。虽然从1953年日本就开始了广播电视业务，但皇太子的大婚无疑成为电视普及的一个重要契机。而在此之前，一提到可以播放的动态画面人们只知道电影。虽然当时也有以恋爱为主题的美剧，但并不多。尽管如此，当看到这些生动的、描写男女之间自由恋爱、克服各种困难最终结婚的情景后，普通民众自然而然地就会接受这样的生活方式。与此同时，日本的电视剧也开始将恋爱作为主题。这一时期，所谓"恋爱故事片"——一开始双方互有好感，但无法顺利表白，到最后表白成功，皆大欢喜——开始进入大众的日常生活。就这样，在很多以爱情为主题的电视剧、电影以及皇太子大婚的影响下，"婚姻不就是应该先恋爱再结婚吗？"作为一种社会意识开始逐渐形成（我的有关婚姻和电影的研究，得到了日本中央大学特别研究的资助）。

## 相亲式婚姻的变化

"二战"后，随着恋爱式婚姻开始普及，相亲式婚姻也发生了变化。特别是上流阶层的婚姻，虽然打着"相亲"的旗号，实际上却不考虑当事人的意愿，完全是"父母之命，媒妁之言"。但在"二战"以后，新的变化发生了。人们被允许在相亲时"自由地拒绝对方"，也就是，既可以在见面之前就拒绝对方，也可以在见面之后再拒绝对方。

从这里能看出，"二战"后日本的相亲式婚姻已经非常接近恋爱式婚姻的形式了。只有一个介绍人，这个人通常是自己的上司或是某个家庭成员。

虽然当时社会的主流意识，并不希望发生在相亲之后拒绝对方的事，但是这毕竟已经成为一种可能，这样一来即便两个人是相亲式婚姻，当事人也会有一种是自己挑选结婚对象的感觉，从这一点上来讲，这和"二战"前由父母一手包办婚姻的形式是完全不同的。

如此一来，不仅是恋爱本身，即使是相亲式婚姻，也开始以爱情为基础，也就是说，一定要和自己喜欢的人结婚这种婚姻观在"二战"后逐渐普及。

当然，"二战"前也有拒绝相亲对象的情况发生。比如，谷崎润一郎的小说《细雪》就是以"二战"期间大阪船厂的名门望族莳冈家的四姐妹为主人公，以三妹雪子与不同的人相亲，并拒绝相亲对象的故事为主线展开的。小说一开始，有一位满足莳冈家所有条件的男性，但雪子遭到了对方的拒绝，从此之后，雪子拒绝所有前来求亲的人，包括一个丧妻的老男人。谷崎润一郎这部不朽的名著曾数次被改编为电影、电视剧。最终，雪子嫁给了一个华族庶出的中年男子。在市川昆导演拍摄的电影（1983年）中，当雪子终于定下终身大事时，姐姐脱口而出的一句台词"雪子，也真够沉得住气的"，给我留下了深刻的印象。通过描写旧式家庭的相亲，谷崎生动地刻画了"二战"前和"二战"时那些特殊年代。

随着恋爱这个"新"习俗的普及，"二战"前的一夫多妻虽然没有立刻消失，但还是逐渐退出了历史舞台。

据和我年龄相仿的一位政府官员说,他年轻的时候(大概 40 年前),他的不少上司(像事务次官、局长)都有自己的情妇。而且,对于有情妇这件事他们的同事和下属也都心知肚明。媒体人也都知道,只是没人报道而已。

我想,媒体之所以没有揭露出来,是因为没有新闻价值吧。因为他们自己的上司、公司的董事长、董事局的其他成员可能也有自己的情妇。当时让情妇做自己秘书的情况估计也不在少数。总而言之,在 40 年前,像公司董事这样的社会精英包养情妇并不是什么值得大书特书的事情。

"二战"后,虽然一夫多妻的旧俗逐渐消失,但出人头地之后包养情妇的做法在企业以及政府部门内并不罕见。直到最近 30 年,人们才开始痛斥这种行为。我想,这才是人们心中真实的想法。在此之前,当事人的家庭成员和其他相关人员一直在这个问题上忍气吞声吧。

顺便一提,非婚生子女的比例在战后锐减(图表 4-1),到 20 世纪 60 年代的时候,减少到了 1% 以下。不过,1988 年以后,这一数字再次超过 1%,到 2005 年时接近 2%。最近几年虽然又有上升趋势,但是和"二战"前的约 10% 相比,

**图表 4-1** 非婚生子女占比的变化

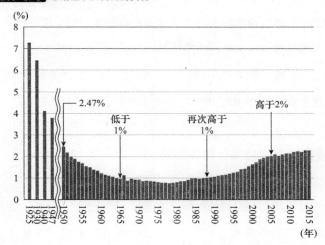

出处：人口動態統計（厚生の指標臨時増刊少子化に関連する統計集ほか）

已经是大幅减少，基本上是每 50 人中有 1 个。在这个背景下，"非婚生"的含义也随着时代变成了"执意未婚生下孩子"。

实际上，对于一夫多妻习俗的批评在"二战"期间就开始了。比如，为了将战争坚持到底，日本推行了涉及政治、经济、社会等方面的战时体制——"1940 年体制"（野口悠纪雄命名），作为国家的方针之一，开始向一夫多妻制发难。反过来说,当时的一夫一妻的家庭主义是战时国家总动员的体制之一,这么做实际上是为了强调家庭伦理的重要性。

像这样,日本家庭的伦理观在"二战"前还相对宽松,但到了"二战"期间开始逐渐变严,到"二战"后变得更加严格。从这个角度也能解释为什么非婚生子女的生育率会逐渐下降。

## "爱情"与"经济"两大要素

像这样,和自己喜欢的人结婚,已经成为"二战"后日本婚姻的一个基本要素。并且,如前所述,彼时经济独立也成为一个基本要素。可见,心理和经济这两个基本要素已成为构成近代婚姻的两大要素。换言之,这个时候人们所追求的结婚对象,既要和自己有爱情基础,也要有能力在经济上构建富足的生活。

爱情的因素之所以能成为婚姻的标准,是由恋爱自由化和相亲式婚姻的质变所引起的。因为是自由选择,所选的一定是自己深爱的人。同时,即便是相亲,也可以自由拒绝对方,这也给当事人一种感觉,即结婚对象是自己挑选出来的自己所爱之人。也就是说,无论是恋爱式婚姻还是相亲式婚姻，都开始以爱情基础为前提，这在"二战"前是没有的，但现在成为结婚对象必备的前提条件。

下面，让我们来看一下婚姻中的经济要素。我已经反复说过，近代婚姻同时意味着经济上的独立。也就是说，这个人必须是一个能在经济上构筑富足生活的人。

"二战"后日本的家庭模式是丈夫在外面工作、妻子在家里料理家务。通过这种性别角色分工实现过上幸福生活的目标。因为当时正赶上经济高速增长期以及从以家族为中心的社会向以企业为中心的社会的缓慢转向，所以这个目标很容易实现。

正如前文多次提及的，如果女性要嫁到继承家业的男方家里，就要和男方的父母一起生活，而如果是男性入赘到女方家，就要和女方的父母一起生活。

到了"二战"后，虽然继承家业的情况越来越少，但是包括农业在内的家业在经济上还是相对稳定的。无论是农业，还是个体经营，"二战"后都不同程度地受到了政府的庇护。因此即便和继承家业的男性结婚，也无须担心能否守住家业的问题，而且在当时的条件下，日子还可能越过越好。

就农业而言，"二战"后日本开始实行农地改革，这一影响是巨大的。通过农地改革，农民摆脱了佃户身份，全部变成了自耕农。

20多年前，我到九州的一个农家做采访调查。了解到这一户人家有一个60岁左右的老母亲正在为自己40多岁的儿子和女儿没有结婚而发愁。当时她是这么对我说的："我年轻的时候，短大毕业的女孩子都能找一个有钱人结婚。所以我也努力培养我的女儿上了短大。我觉得我女儿一定能找到一个好人家，所以我坚决反对把她嫁给农户。如果非要嫁到农户家庭，也要嫁到那种家里有用人的大户人家。我经常这么说给她听，'你好歹也是短大生啊，一定得找个好人家'。"

我又问她儿子的情况。她说："我们家是有家产的，我很纳闷，不知道他为什么找不到对象。"我问："那您的家产是什么？"她说："土地啊，我年轻那会儿大伙儿都还是佃户，现在农地改革了，我们也有自己的土地了。所以我想既然我们有地，就不愁没人嫁到我们家。"

这位老母亲是20世纪50年代嫁到这个农户家的。当时，"二战"后的农地改革让所有的佃户都变成了拥有耕地的自耕农，因此佃户家的女儿嫁过来后也就顺理成章地成了自耕农家的儿媳妇，对于她来说，人生因此迈上了一个台阶。

也就是说，在"二战"后的一段时期内，即使大家都是农户，大部分人都能找到比自己家条件好的人家结婚。就像这位20年前的60岁女性一样，虽然她的父母都是佃户，但当她出嫁的时候，因为男方家已经变成了自耕农，她的生活水平自然也发生了变化。

农地改革迅速地让很多人通过结婚过上了比原来更好的生活，从这一点来看，这给"二战"后日本社会带来的影响是非常大的。

因此，在"二战"后农地改革之后的20余年里，日本全国的农业经济还是很好的。无论是嫁到农家，还是入赘到农家，虽然都要勤勤恳恳地辛苦劳作，但每个人都有一个信念，即认为将来自己一定能够过上幸福生活。而且，那个时候即便是和公婆一起生活，因为当时人的平均寿命相对较短，所以也不存在一起长期生活、看护老人的问题。

对这位母亲而言，婚姻或许就是让自己的人生发生质的飞跃的手段。所以，她说"一定要女儿嫁到比自己家条件好的人家去"，为此她辛苦地培养自己的女儿考上短大，获得了高学历，但是现在却因为女儿找不到相亲对象而发愁。对于继承家业的儿子，她感叹"比自己条件差的人家的女孩还有很多，但不知道为什么就是找不到对象"。

"二战"后，其他的个体经营者也和农户一样，他们也期待着通过婚姻改变人生。首先，因为那时消费者口袋里有了钱，城市人口也开始增加，所以生意也自然地变得越来越红火。其次，来到大城市工作的公司职员，他们的收入也会根据日本的雇佣惯例（终身雇佣制和年功序列制）稳定地增长。

也就是说，"二战"后日本婚姻的特点之一就是，对女性而言，无论和谁结婚，结婚的经济条件都能得到满足。

"找一个能让我过上比现在、比在父母家过得好的人"是当时结婚的经济条件，关键是和婚前生活的比较。也就是说，如果结婚之前的生活太过清苦，人们在结婚后就能感觉到生活变得更加安定、宽裕了。因此，"二战"后有一段时间，即使是嫁到农家，一步步建立起宽裕富足的家庭也不是一件难事。

这种情况一直持续到日本经济高速增长期结束。从经历过贫困的昭和初年出生的人到"二战"期间出生的人，再到所谓"团块世代"[①]，95%以上的人都结婚了。也就是说，这个

---

[①] 通常指日本战后1947—1949年出生的群体。——译者注

时期出生的人，无论和谁结婚，所谓婚姻的经济条件都能得到满足，大家都能过上相对宽裕的生活。

简而言之，那时的人们对经济上的提升有期待，而且事实上结婚后这些期待变为现实。因此从日本"二战"后到经济高速增长期，几乎所有人都会结婚，"全员结婚社会"得以实现。

## "全员结婚社会"的到来

下面，让我们看一看在日本经济高速增长期，男女是如何相识相知的。结婚之前，如果没有机会让大量的男女相识，"全员结婚社会"就无从谈起。

当时，日本全国有很多未婚男女。而且，这些未婚男女几乎无一例外都在一个一个的组织里。

如果留在老家，有当地组织的青年团；如果来到大城市，有工作单位组织的工会；如果是城市个体经营者的子女，有街道组织的青年部。除此以外，理发店有理发店的行业协会，酒店有酒店的行业协会，这些协会里都设有青年部。总之，每个青年人都有自己所属的组织。

在这些组织里聚集了大量的未婚青年男女。于是，他们要么在这些组织里相遇后恋爱，要么通过组织里其他人介绍相亲对象。

另外，来到城市里工作的青年人，无论男女都是全日制正式员工。所以他们还可以在公司里的社团（当时基本上只有工作单位才有所谓的"社团"）中相识。

当然，也有在学校里邂逅的机会。当时"团块世代"有三成左右是中学毕业，有五成左右是高中毕业，两成左右是大学毕业。"二战"后，从高中开始推行男女同校，因此男女在校园内相识相知也不是没有可能。

总而言之，两个人即便无法在学校相识，仍然有其他的机会。比如，从事个体经营或住在乡下的男女能够在地方组织的青年团或是行业协会中相识，在公司工作的男女可以在公司内相识。即使没有直接相识的机会，还可以通过地方上或公司里的人介绍。

那个时候，几乎没有像今天的自由职业者那样不属于任何组织的青年，因此可以说当时男女相识的机会比现在要多。

也就是说，在经济高速增长期，每个男女有足够多的机会相识相知，所以这才使"全员结婚社会"成为可能。

大概到"团块世代"为止,绝大部分人都能结婚。这种状况一直持续到20世纪70年代左右。那个时候,人们大致都能想象自己婚后会过上什么日子。

如果是在学校或是街道组织的青年团中相识的话,两人早就互有了解。也就是说,两个人在自然的交往中互相认识,不但能很好地了解对方的家庭背景,还可以大体想象出婚后的生活。如果是在工作单位相识,可以了解这个人在公司工作的基本情况,如果是男性,可以大体推测出他将来的收入。这样一来,直到交往之后才发现"这个人根本不是我想要的"这种情况就很少发生。至少在经济生活上是这样。换言之,两个人开始交往一段时间后,通常都会步入婚姻的殿堂,很少有分手的情况。

况且,当时大家都认为"一旦两个人开始交往就应当结婚"。所以大部分的人都是和自己第一个谈的对象结婚。因为那个时候,如果交往了一段时间后,突然提出"对不起,我不喜欢你了,想和你分手",这种情况基本上是不被允许的。

如果遭到父母的反对则另当别论。如果双方之间并没有发生什么矛盾,但其中一方提出分手的话,是要遭到亲朋好友痛骂的,他们会说"这个家伙真过分""简直太不像话了"

之类的话。也就是,我前面说的来自亲友的语言惩罚。

所以这种名为"面子"的心理压力,也是促使"全员结婚社会"形成的一大原因。

## "表白文化"的弊端

如前所述,在经济高速增长期,有很多相识是自然而然地发生的,因此这催生出日本人恋爱中的一个特点——"表白文化"。

我曾经对这种"表白文化"——如果不向对方说"请和我交往",并得到"好的,我同意"的答复,就不能和对方发展恋爱关系——提出过不同的看法。我认为,这种"表白文化"在一定程度上妨碍了年轻人谈恋爱。

"表白文化"诞生于经济高速增长时期,那个时候男女很多都是自然相遇,反过来说,如果没有这么多的自然相遇,也就不会产生"表白文化"。

当时的表白基本上都是说"我们以结婚为前提谈恋爱吧"。在自然的相识中表白,一旦两个人正式交往后就会以结婚为前提。也就是说,原来只是普通异性朋友,但表白之后就会以结婚为前提交往。

因此,只有通过表白才能区分两个人之间到底只是朋友关系,还是已经开始交往了。正是因为男女之间的相识是在一种自然的状态下发生的,所以才需要明确这之间的界限,也就是表白。也正因为如此,日本国立社会保障·人口问题研究所在问卷调查中才会单独设立一个"有一个作为朋友交往的异性"的选项。

本来如果是为了寻找结婚对象见面的话,是没有表白的必要的。因为彼此的目的很明确,只要两个人见面,认为可以交往,那么对方自然就成为自己的结婚对象。

先表白再成为恋人,再和对方发生性关系,这一系列的行为几乎等同于结婚,这就是在经济高速增长期形成的日本恋爱式婚姻中独特的"表白文化"。

顺便提一句,到1950年为止,日本家庭中子女的平均人数是4人。也就是说,相当于"团块世代"每人都有3个兄弟姐妹。因此,每个人遇到和自己年龄相仿的人的概率是很大的。

在家业社会,子女是家里重要的劳动力。比如农业,有一些农活子女也能帮忙,因此,通常认为子女越多越好。虽然"二战"前日本婴幼儿的死亡率很高,但是从"二战"时期开始,营养条件不断改善,大部分婴幼儿都能长大成人。

但是到1950年以后,大概5年左右的时间,日本家庭平均子女人数就锐减到了2人。主要原因是当时粮食短缺,政府实施抑制人口出生的政策(出于经济考量推行堕胎合法化以及避孕措施等)。

当时的日本社会没有少子化的问题,这一点在今天的人看来,是一件多么令人羡慕的事啊。

下一章,我将就西欧、北欧以及美国日益凸显的"不婚社会"进行详细讲述。可以将"不婚化"视为近代婚姻的一种"质变",通过参照今日欧美社会的这种婚姻形式,为回答如下问题提供一个思考的线索:为何日本曾经是一个全员结婚的社会,现如今却变成了一个结婚难社会?

第五章

走向『不婚社会』——近代婚姻的危机

## 新经济的影响

社会学通常将近代社会分为两个阶段。比如,欧美等国家的近代从1970年后进入了一个新的发展阶段,这一时期的主要变化一个是"近代社会的深化",另一个是"近代社会的结构转变"。德国社会学家乌尔里希·贝克将深化、转变前的近代社会称为"近代Ⅰ",之后的近代社会称为"近代Ⅱ"。

所谓"近代Ⅱ"是近代社会原本具有的个体化、自由化等特征的进一步深化,形成了和"近代Ⅰ"具有质的区别的社会。欧美以及今日的日本都属于"近代Ⅱ"社会。

同时,无论是欧美还是日本,所谓"近代社会的结构转变",正在一点一点地侵蚀着近代家庭中已经形成的较为稳固的结婚模式的基础,这个模式就是和自己喜欢的人结婚,"男主外,女主内",夫妻共同营造一个幸福美满的家庭。

在象征深化和转换的几个趋势中,对婚姻形式影响最大的,一个是"年轻人工作的不稳定化",另一个是"性解放"。前者是经济质变的必然结果,后者属于社会心理层面的影响。

本章通过详述年轻人工作的不稳定化和性解放这两个极

为重要的趋势,进而展示近代婚姻是如何一步一步变得难以成立的。

在经济领域,过去未曾有过的、被称为"新经济"(new economy)的经济体系与全球一体化正在席卷全球。

欧美等国在20世纪80年代以后,日本和其他亚洲新兴国家在20世纪90年代以后,开始出现显著的"新经济"化。已经有很多经济学家都指出了这一倾向。

首先提出"新经济"这一概念的、美国劳动经济学者罗伯特·B.赖克在其著作《胜者的代价:新经济的深渊与未来》(东洋经济新报社,2002年)中强调了新经济的负面作用,"社会变富虽然会为劳动者创造出更多的机会,但也会使他们的工作和收入变得不稳定"。

再近一点的例子,以畅销书《21世纪资本论》而闻名于世的法国经济学家托马斯·皮凯蒂也指出,随着资本主义发生质的变化,人们在经济上的差距成为一个全球性现象。

新经济给家庭带来的影响,也就是给男性职员带来的影响。

在经济结构发生转变之前(近代Ⅰ),社会上的男性是可以期待自己一生能够获得稳定收入的,比如日本的终身雇佣制就是其中的一个典型。虽然这里也有一些负面因素，如歧视女性等，不过，那个时候只要男性认真地工作，就一辈子不用担心自己赚不到足够的钱来养活妻儿，在欧美国家也是一样。

可是，随着新经济的发展，特别是"服务化""全球化""信息化"等概念出现之后，经济结构发生了巨大变化，这让原本工作稳定的男性失去了稳定的基础。不仅如此，还造成男性在收入上的差距不断增大。

也就是说，同一年龄段高收入者和低收入者之间的差距变得越来越大，这对年轻男性造成了很大的影响。

由此带来的结果就是，无论是在欧美，还是在日本，原本十分普遍的家庭中的性别分工——经济上依靠丈夫，就能过上富足生活的模式——变得越来越难以实现（特别是对那些收入较低的年轻男性而言）。

世界范围内的新经济化始于20世纪70年代以后，契机是1973年发生的石油危机。这一年，在第四次中东战争的影响下，原油价格暴涨，在世界范围内引发了第一次石油危机。在这之后，新经济开始在欧美等国家迅速发展。

另一个经济上的变化就是女性进入职场。对于社会而言，这自然是一件值得欢迎的事情,其结果是越来越多的女性在经济上实现独立。

但是,这并不是说所有女性都能找到一份高收入的工作,大部分年轻女性的收入还是偏低的。因此,女性在收入上的差距同样被拉大。日本的经济学家橘木俊诏称之为"女女差距",并将其视为新经济的一个重要特征(《女女格差》,东洋经济新报社,2008 年)。

虽然新经济会给各个年龄段的人都造成收入上的差距,但首当其冲的仍是年轻人,无论男女,他们的收入差距逐渐变得越来越大。

也就是说,在年轻的男性中间,有一部分人还像原来一样,能够获得较为稳定的高收入,但也出现了另外一些人凭借收入已经无法养家糊口。而在年轻女性中,则出现了一部分不需要依赖男性,可以经济独立的女性,但还有一部分女性仍然不得不从事一些低收入的工作。

这个结果对婚姻产生了莫大的影响。之所以这么说,是因为有越来越多人发现婚后的生活水平,无法达到结婚前的预期。

也就是说,在新经济的影响下,要达到结婚前期待的生活水平变得越来越难。人们对此的理解与做出的反应,开始左右人们的结婚行为。而不同的应对方式,一方面让欧美国家向"不婚社会"发展,另一方面又让日本以及东亚各国向"结婚难社会"发展。

图表 5-1 近代Ⅰ、近代Ⅱ的区分图

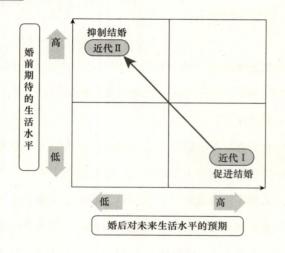

图表5-1所显示的就是这个逻辑。从整体来看,近代Ⅰ的时候,因为人们结婚前期待的生活水平较低,而婚后对未来生活水平的预期较高,因此能促进结婚,而近代Ⅱ的时候

与之相反。人们结婚前期待的生活水平较高,而对婚后生活水平的预期则变得越来越没有信心,因此对结婚起到了抑制作用。

当然,这里说的是平均情况。也就是说,到了近代Ⅱ社会,虽然有一部分人还能组建过去那种类型的家庭,但也有不少人已经做不到这一点了。

也就是说,经济上的差距造成了婚姻上的差距。

## 性解放运动的影响

除了经济上发生的变化,社会意识上的变化也对婚姻产生了影响。其中,影响较大的是20世纪60年代兴起于欧美国家的"性解放"运动。该运动引发了离婚自由化以及女权主义广泛传播等现象,并推动伴侣关系向个体化、自由化发展。

个体化、自由化意味着不需要再遵循传统的社会规范,社会开始接受、认可个人的自由选择。在这种情况下,原有的婚姻形式自然就发生了变化。

所谓"性解放"始于20世纪60年代,当时美国和欧洲的很多青年掀起了政治反抗运动，日本也出现了全共斗[①]等学生运动。年轻人在这些运动中提出了一些口号（议题），其中一个就是"性的自由化"。

无论是欧美还是日本，在近代Ⅰ的时候，性关系都被紧紧锁在婚姻关系中。日本自不必说；直到20世纪50年代，大部分的欧美人还认为"不结婚就不能发生性关系"。

但是到了20世纪60年代后期，在年轻人的运动中，已经出现了"即使不结婚，也要享受性自由"的主张。这个主张只是一种社会意识，并不需要从法律层面做出任何改变，然而，从此以后，婚姻与性关系开始被分割开来。

在欧美，运动中涉及法律层面的目标主要是堕胎和避孕的自由化。为了享受性自由必须采取避孕手段。因此人们开始要求政府放宽政策，普及避孕药。

这与女权主义运动是关联在一起的。女权主义的首要目标是女性进入职场、禁止歧视女性等，第二个目标就是解放女性的性意识。也就是说，女性不再只是满足男性性欲的工具，女性也可以主动大胆地追求性关系，享受性自由。女权

---

① 全学共斗会议的简称。——译者注

主义把性意识的解放当作所倡导的目标之一（江原由美子，《女性解放的思想》，筑摩书房，2021年）。

不仅如此，到了20世纪60年代，离婚的自由化开始在欧美社会盛行。与日本不同的是，欧美社会由于受基督教的强烈影响，离婚是一件很难的事。例如，信奉天主教的爱尔兰直到1995年才允许离婚，而同样拥有众多天主教徒的菲律宾直到今天都不允许离婚。

20世纪60年代的时候，美国有很多州都禁止离婚（美国各州的制度不尽相同）。于是，在掀起反抗运动的年轻人中，有一些人开始要求离婚自由。他们提出要有和讨厌的人分手的自由。哪怕是夫妻，如果不再喜欢对方，就应该和对方分手。

这种风潮后来传入欧洲，到近代Ⅱ的时候，社会上已经没有人再说不可以离婚了。

顺便提一句，在美国，应该是在1981年里根总统上台以后，人们才开始可以公开行使离婚自由的权利。因为在里根之前的历任美国总统中，没有一个人是离过婚的。里根是美国首位有过离婚经历的总统。时至今日，像特朗普这样有过好几次离婚经历的人也能担任美国总统，这在里根之前是无法想象的。

如果用一句话来描述这一系列的变化,那就是"放宽对家庭的限制"。

如前所述,在经济领域很多限制被放宽,新经济由此诞生并推动经济快速发展。但与此同时,新经济的发展导致中产阶层开始消失,并出现了富人阶层和贫困阶层的两极分化。

同时,在家庭方面也出现了放宽限制的现象,很多与家庭和性相关的限制逐渐被取消。然而,与经济领域相同的是,这种变化并非对所有人来说都是一件好事。

放宽对家庭的限制,最终导致在近代Ⅱ时,婚姻出现了两个危机。

第一个危机是由性解放带来的。对于在爱情的基础上享受性自由——永远和自己喜欢的人保持亲密关系(包括性关系)——婚姻这种形式已失去了必要性。也就是说,人们不需要通过婚姻的形式,就能够和对方拥有爱情。第二个危机是离婚的自由化带来的。因为婚姻已经无法保证能让两个人永远保持亲密关系或性关系。这个危机和第一个危机正好相反,婚姻和找到一个亲密的对象并与其维持爱情之间的相关性变得越来越弱。

借用英国社会学家安东尼·吉登斯的话,维持亲密关系——互相喜欢的关系——的唯一证据就只剩下了相互选择这一点。吉登斯将其称为"纯粹关系"。也就是说，结婚不意味着两个人就能够一直维持亲密关系，而不结婚也不意味着两个人之间就无法拥有爱情（《亲密关系的变革》）。

简而言之，近代Ⅱ是一个将婚姻和亲密性相互剥离的时代。

## 要经济还是爱情？

在近代Ⅱ，恋爱式婚姻的矛盾开始凸显。我已经反复说过，近代婚姻的形式就是经济生活和爱情相互结合的恋爱式婚姻。

如果将和喜欢的人在一起、共同建立宽裕的新生活，视为近代婚姻的意义，那么在近代Ⅰ的时候，大部分的人是能够实现这一点的。当然，这不是说没有例外，但整个社会都坚定地将此作为一种理想的形式。

但是，随着新经济带来的经济状况的变化以及以性解放运动为代表的社会心理状况的变化，经济生活和爱情之间的矛盾日益显现出来。

简单来说，这个矛盾就是"自己喜欢的人未必具有足够的经济实力",而"具有足够经济实力的人未必是自己喜欢的人"。

这个矛盾是近代婚姻,也就是恋爱式婚姻具有的根本矛盾,此时这个矛盾开始逐渐凸显。

我曾担任过报纸专栏"人生咨询"的特约撰稿人,在2018年12月末的《读卖新闻》上登了这样一篇文章,讲述了一位母亲为女儿的婚姻大事而苦恼的故事。下面我想引用一部分,因为它能清楚地体现经济生活和爱情之间的矛盾。

**人生咨询　女儿过于现实的婚恋观**

我是一个50来岁的母亲,正为自己25岁的女儿的婚姻问题而苦恼。

我女儿的婚恋观从前就很现实,她希望找一个"有钱的、性格温柔的人"结婚。她喜欢画画,如果将来这个人能养活她,她就能安心画画。

她在婚恋网上认识了一个名牌大学毕业后在大公司工作的人,现在两个人交往已经3个多月了。不过,我感觉她不是很开心。我问她是否喜欢对方。她回答说:"不讨厌,有钱最重要。"

女儿原来有一个男朋友,两个人差不多几个月才见一次。两个人在一起好像也很开心。不过由于对方家庭条件的问题,他们没有发展下去。

如果她能彻底忘掉前面那个男朋友,和现在的男朋友交往的话,我也就不担心了。不过,我看她好像对前面那个男朋友还有点恋恋不舍。作为家长,我应该给她点儿什么建议好呢?

(埼玉·B子)

◆ ◆ ◆

结婚有两个层面上的意思,一是"和喜欢的人在一起",二是"两个人一起生活"。自己喜欢的人不一定是那个最合适和自己一起生活的人,所以我们才会常常感到苦恼不已。

……

既然您的女儿已经做了决定,把经济条件放在第一位、爱情其次,我觉得您也只能尊重孩子的意思。我一看便知您和我是一个年代的人,在咱们那个年代,只要两个人谈恋爱就必须结婚是理所当然的事情。不过,现在的年轻人并不这么认为,他们当中有人认为"爱情有一天会消失,而钱是实实在在的"。现在越来越多年轻人把经济条件摆在第一位。虽然在我们看来有点令人伤感,但只能说这是时代发展的结果。

不过,您也不必完全放弃自己的想法。我能感觉到您那边的母女关系非常融洽,所以您不妨试着把自己的想法——比如"妈妈觉得还是前一个男友更适合你"之类的意思说出来。如果您的女儿听从了您的建议,那就是和现在这个男朋友没有缘分;如果她执意和现在的男朋友结婚,我觉得您也只能认可他们。

(山田昌弘·大学教授)

【读卖新闻 2018 年 12 月 31 日】

很显然,这个咨询者是笃信恋爱式婚姻的那一代人。不过,在当今社会,亲密性和经济生活早已分道扬镳,这个例子恰好说明了这一点。

**离婚自由化的影响**

日本也好,欧美也好,经济结构的质变,导致近代婚姻中的关键一方——能挣钱养家的男性——越来越少。

其结果就是,越来越多的人无法再按照传统模式,将婚姻作为经济生活的一个部分。

此外,性解放将亲密性从婚姻中独立出来,即使不结婚,人们也可以和自己喜欢的那个人在一起。

再加上离婚的自由化,两个人即使结婚了,也无法保证对方能够一辈子认同自己。也就是说,亲密性已经无法通过婚姻的形式得到保证了。

这一系列的变化导致在近代Ⅱ,每个人在经济生活和亲密性上的追求必须分开。这是个体化给婚姻、家庭带来的必然结果。

本来,人们对近代婚姻的理解就是,只要一结婚就能够过上宽裕的生活,同时也能找到一个认同自己的亲密伴侣。

但要同时实现这两点已经变得越来越难。因此,人们不得不分别追求宽裕的生活和亲密的伴侣。于是,两种类型的社会就逐渐形成了:结婚困难的社会和不需要结婚的社会。

大体上来看,结婚困难问题较为显著的是日本和东亚各国,而不需要结婚出现较多的是欧美各国。当然,这只是大体上的分类,每个国家的具体情况各不相同。

于是，婚姻完全变成了一座"空中楼阁"。结婚作为一种追求个人欲求的制度开始逐渐失去其存在的必要性。换言之，对现在的男女而言，为了满足亲密关系和达成经济目的，已经没有必要通过近代婚姻这种方式了。因此，婚姻变得不再必要。

也就是说，我们已经无法通过婚姻来获得稳定的经济支持，而且，即便结婚，也无法保证两个人之间的亲密性能持续下去。不严谨地说，婚姻或许只剩下一个制度的空壳。

就这样，只剩下一个空壳的婚姻，内涵发生了彻底的变化。英国的吉登斯将这样的婚姻系统称为"空壳制度"（《失控的世界》），而德国社会学家乌尔里希·贝克称之为"僵尸范畴"（乌尔里希·贝克等，《个体化》）。无论哪个说法都是一种看似尚有生息，实则已经失去了实质意义的比喻说法。

在欧美社会，由于婚姻不再必要，非婚同居和事实婚姻的情况越来越多。不过，正如吉登斯、贝克等人所说，婚姻在很多欧美人的心中只剩下制度和宗教上的意义。

在欧美，打算结婚的两个人除了要像日本一样提交申请（结婚登记申请表），还必须在教堂或市政大厅宣誓（每个国家的做法有所不同）。也就是说，对于个人而言，结婚意味着某种制度上的融入。

如前所述，20世纪60年代兴起的性解放运动，就是因为越来越多的年轻人开始反对制度干涉个人。这一现象也说明了越来越多的人开始不再遵守制度，而是更加重视个人的幸福。

## 欧美人婚姻的现状

下面简单说明一下欧美社会的婚姻状况。20世纪60年代以后，欧美社会，特别是西北欧的一些国家和美国开始强调婚姻不是必要的。

在无论男女都追求经济独立的社会里，两个人不是立刻结婚而是先保持一种恋人关系，也就是说，相比结婚，他们更想先明确对方是自己喜欢的那个人。

在这种情况下，结婚的人数减少，而非婚同居的人数大增。而且，同居期间往往伴随着生育。因此，非婚生子女的比例也在不断增加。

当然，在欧美社会，也有不少人不同居就结婚，但是将结婚作为交往前提的人已经越来越少，因此"以结婚为前提的交往"这句话本身已经失去了意义。

也就是说，在欧美社会，两个人开始交往，产生爱情并发生亲密关系，和通过结婚的形式进入一种制度框架是两件不同的事。

比如，欧美社会也有很多提供"约会服务"的手机软件（吉原真里，《网上恋人：在网上邂逅的美国男女》，中公新书，2008年）。不过，几乎很少有用户会像日本人那样，一开始就是为了寻找结婚对象才和对方见面、交往的。

几年前，听说美国洛杉矶有专门为日本人和美国人提供婚恋服务的从业者，我特地到美国采访过他们。他们给我印象很深的一句话是："日本女性普遍认为，如果两个人结婚，就应该不分你我。而美国男性却不这么认为，他们认为，即使结婚，经济上也应该各自独立。也就是说，我们的美国用户一开始就只是想找一个交往的对象，而不是结婚对象。"

这个例子恰好说明了，在美国人心中，结婚和交往完全是两个不同层面的事情。

大部分欧美人从初高中开始约会，理所当然地发生性关系，如果合不来就选择分手，这样循环往复持续一生。这也正是欧美人婚姻的现状。

换言之,"一交往就结婚"在欧美社会是难以想象的。因此,在洛杉矶的采访中,我也了解到,虽然两个人说"我们先尝试交往吧",但开始交往后,在以结婚为前提交往的日本女性和不把结婚作为交往前提的美国男性之间还是经常因此发生矛盾。

比如,日本女性通常会说"如果他在结婚之前把我甩了,那可怎么办"。但无论是跨国婚恋服务的从业者还是使用这项服务的美国男性用户都会认为,"两个人合不来就分手"是一件再正常不过的事。这对于追求婚姻保证的日本女性而言,是难以理解和接受的。

在欧美,经历了20世纪60年代性解放的年轻人到了20世纪80年代开始为人父母,在这之后出生的人可以说都是在不婚社会中成长起来的。

其中最典型的就是法国。法国正在逐渐成为"终生恋爱社会"(岩本麻奈,《学习巴黎太太们活到老、恋爱到老的秘诀》)。

当然,这不是说所有人都频繁更换交往对象。如前所述,即便在法国,思想保守的人还是有的,特别是宗教意识强烈的人们,他们中的很多人现在还是会选择结婚。因为对他们而言，在教堂举行婚礼、两个人的关系得到法律的保护，这本身就是爱情的象征。比如，越来越多的同性恋人会选择结婚，就是因为婚姻能表达他们"想对外宣布""想得到大家认可"的心情。另外，离婚在社会上已不是一件稀罕事，考虑到法律保障的问题，在孩子大一点的时候选择离婚的人也越来越多。

在美国，信奉基督教原教旨主义的人占有一定比例，因此，还是有不少人选择保守的婚姻形式。虽然，欧美社会正朝着终身恋爱社会的方向发展，但保持传统价值观的人依旧会选择结婚。对此，值得我们从社会学角度进一步思考。

**欧美与日本的差异**

顺便一提，在欧美社会，之所以谁都可以离婚，而且即便离婚也不会被歧视，其中的一个原因是高度的人权意识。

还有一个原因是，欧美社会和日本社会不同，没有所谓的"面子问题"。在欧美，每个人都可以只做自己想做的事，而不用顾及周围的看法。只要不做违反法律规定的事，想做什么就可以做什么，没有人在背后说三道四。

除了离婚，非婚生子女在欧美也很常见。比如，在今天的法国和瑞典，未婚女性所生子女的比例占大多数，所以不存在被歧视的问题。在制度方面，瑞典等新教国家以及法国在制度修订上也较为灵活，早在20世纪七八十年代就已经承认离婚自由和堕胎自由。

所谓离婚自由，很重要的一点就是"能否单方面提出离婚"。当然，在实际操作中有一定限制。

比如，在瑞典，如果夫妻双方有一个未满16岁的孩子，则他们在向法院提出离婚申请后的一年内不能离婚。反过来说，过了一年的期限后，即使有孩子也可以离婚。但是，就算是离婚自由化，离婚后孩子的福利问题也是必须考虑加以保护的。

除此以外，瑞典也不存在像日本那样的单身母亲家庭生活贫困的问题。这是因为瑞典没有针对女性的职场歧视，而且有关抚养子女的社会福利制度也比较健全。比如，有一项制度就是政府先代为支付子女抚养费，然后再从离婚对象那里征收。就好像缴税一样，让对方无法逃脱。因此，不会出现像日本那样"即使商定好了，也不支付抚养费"或"因无法支付抚养费而导致育儿困难"的问题。

也就是说，日本的很多情况是，离婚后由于对方没钱而无法负担抚养费，而如果是瑞典那种模式，最后受损失的是政府。

在欧美社会,"自立"是基本的经济生活原则。无论男女,在经济上都各自独立而不依赖别人。在西欧各国,政府通过社会保障来实现这种经济自立。因此,即便婚后,原则上夫妻仍是各自支配自己的收入。对他们来说,像日本那样丈夫通常要把全部收入交给妻子是无法想象的。

日本女性会理所当然地认为,"如果结婚了,丈夫的收入理应由我管理"。在欧美国家,无论是男性还是女性,对此则完全无法接受。对他们来说,要么妻子自己挣钱,要么丈夫从自己的收入中扣除零花钱后,把剩下一定的额度交给妻子作为生活费。

前面我介绍过的在美国洛杉矶专门为日本人和美国人提供婚恋服务的从业者也指出,婚后各自支配收入是很多日本女性在和美国男性结婚后感到惊讶的一个典型例子。即便事先有所说明,事后也难免发生纠纷。

事实上,女权主义运动之所以在欧美国家盛行,其中一个原因就是存在"经济生活独立"的动机,也就是大家都想自由支配自己的收入。反过来说,因为在日本丈夫的收入都是由妻子支配，我认为，这是女权主义在日本没有流行起来的一个重要原因。

在欧美，女性是必须工作的。如果女性没有收入则必然会成为男性的附庸。而在日本，虽然大部分的妻子都没有收入，但是丈夫要向妻子低头要钱，因此主张"女性不要沦为男人的附庸"的女权主义在日本很难有市场，这也是必然的。

另外，和日本相比，欧美等国禁止歧视女性的规定更加严格。不管是否离婚，自己首先都要工作，而且无论是未婚、已婚，还是离婚，女性都可以和男性一样工作。而且，特别是欧洲国家，针对有子女的人以及子女都有较为完善的福利制度。

也就是说，在欧美社会，两个人一起生活，不会依赖对方，也不能依赖对方。具体地说，就是男性不指望女性做家务和带孩子，女性在经济上也不依靠男性。婚姻正是在这样的意识中，逐渐变得不再必要。

## 经济与亲密性的分离

如上所述，在欧美社会，婚姻中的经济和亲密性是相互分离的。并且，在亲密性中，他们又将享受爱情和性生活放在优先位置。也就是说,欧美社会是"爱情优先型社会"。

反过来说,欧美人会在婚姻中不断追求爱情的满足。因此,夫妻会把孩子放在家里去外面约会,只要是夫妻就必须有性生活,如果夫妻之间没有性生活了就要离婚。

在欧美人看来,爱情是第一位的。因此也许在他们眼里,日本人的婚姻很没意思。

不需要婚姻的极端形式,也许就是前面我引用的吉登斯提出的"纯粹关系"。

也就是,只要两个人相互喜欢,就可以在一起,并形成一种亲密关系。前提是,两个人中只要有一方开始讨厌对方,就可以解除这个关系。

另外,社会学家贝克提出"世界家庭"的概念。具体是指那些家庭成员在世界各地各自生活,通过 Skype(一款即时通信软件)或邮件等手段相互联系的家庭(乌尔里希·贝克等,《全球热恋》)。也就是说,即使不在一起生活,人们仍然能够通过心理上的相互认同来维持家庭。

我会在最后一章详细说明,这种"纯粹关系"和"世界家庭"等概念和今天在日本流行的"虚拟关系"有共通之处。

可见，两个人一同生活已经不再是婚姻或亲密性的必要条件。

日本也有很多两地分居的家庭，比如，男性被派往外地只身赴任等情况。不过，这种情况与其说是亲密性，不如说是通过经济或抚养等形式相互联系在一起的。吉登斯与贝克都认为，在欧美社会，婚姻既不是一纸结婚证书，也不是经济上的问题，而是单纯追求心理上相互认同的过程。

当然，这样的观点是否可取，我们先放在一边。可以明确的是，当人们开始将个人的感受放在第一位时，婚姻确实变得不再必要。

也就是说，无论是结婚，还是维持婚姻，全凭人们的内心想法，自己想结婚就结。因此，只有那些真正想结婚的人才会选择结婚。这是今天欧美社会的婚姻现状。

顺便说一句，欧美社会是否存在像日本这样"谴责婚外恋"的现象呢？在欧美社会，对于婚外恋，一般会根据当事人对这段感情是否认真来判断。如果是以和结婚对象分手为前提而与别人交往，这种情况十分常见，不会遭到谴责。

但是，如果只是为了追求一时的快乐而出轨，在欧美社会也会遭到公众的谴责。不过，因为在欧美社会可以单方面离婚，所以并不会像在日本一样闹出轩然大波。

从各种意义上讲，在日本离婚都很难，因此婚外恋的人数不断增加。与欧美不同，日本的夫妻之所以很难离婚，很大程度上是因为他们并不追求爱情，而是将经济生活放在最优先地位。

可以看出，在日本社会，婚姻中经济和亲密性相互分离的情况正好与欧美社会相反。这一点我会在最后一章详细说明。

不管怎样，因为"即使结婚也感受不到爱情的人"和"结不了婚的人"不断增多，所以"婚外恋现象"在日本社会备受瞩目是一件非常自然的事。

顺便一提，我的研究团队在最近的调查中发现，有2.8%的单身人士正在和已婚人士（其中男性为1.2%、女性4.0%。日本学术振兴会科学研究费资助，课题项目号16H03699，项目名称"未婚化社会中的'结婚支援活动'的实证研究"）交往。

# 第六章 结婚难社会——日本的应对

## 走向"结婚难社会"之路

上一章已经讲了,无论是日本还是欧美都遇到了同样的问题,就是近代婚姻变得越来越难。由于经济结构发生了变化,已经无法实现过去那种"性别分工式的婚姻"。

我已经反复说过,近代婚姻是以同时满足经济生活和亲密性为前提的。不过,由于经济方面发生的变化导致结婚越来越难,于是,在人们对婚后生活水平的期待越来越高的同时,和欧美社会一样,今天的日本也变成了贫富差距显著的社会。也就是说,能够靠自己的收入养活妻子、过上比较宽裕生活的男性,变得越来越少。而且,日本的情况相较欧美更加严重。

比如,图表 6-1 中的数据显示的是实际工资指数变化的国际比较。如果将 1997 年的数据视为 100,到 2016 年的时候,美国是 115.3,法国是 126.4,均处于上升趋势。与之相对的日本却只有 89.7,下降了 10 个百分点还要多。

我认为,虽然欧美和日本遇到的问题是一样的,但出现

**图表 6-1** 实际工资指数变化的国际比较（1997年＝100）

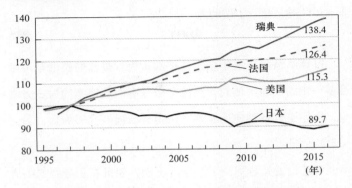

来源：日本全国劳动组合总联合依据 oecd.stat 网站上的数据制作（日本的数据源于每月勤労統計調査）

了不同的演变路径。在欧美社会，人们选择不结婚，把和伴侣的亲密性放在第一位，同时，在经济上保持独立。因此，他们走上了"不婚社会"之路。而日本社会，由于结婚难的情况愈加严重，逐渐变成"结婚难社会"。下面，让我们具体看看这两者之间的区别。

日本不会成为欧美那种"不婚社会"，最大的原因在于日本社会一直没有放弃过去那种近代婚姻的形式，即结婚后必须在经济生活和亲密性上同时得到满足。在这个问题上，日本是一个不会做出妥协的社会。因此在1990年之后，日本人开始逐渐分裂为两种不同的群体,一种是结了婚或能结婚的人,另一种是结不了婚的人。

打算结婚的日本年轻人几乎都认为,自己的婚姻是可以维系一生的。即便他们知道现实中日本的离婚率约为三分之一,他们也有一种侥幸心理,认为自己绝不会成为这三分之一里的一员。

反之,就另当别论了。也就是说,如果有三分之二的人离婚的话,他们可能就不再对婚姻抱有幻想,也不再一味地在经济上依赖对方了。如果离婚率只有三分之一的话,人们很难想象或者说不愿想象自己有朝一日会在这三分之一里。因此,他们很自然的想法就是,我一定要找一个踏实的、诚实的、不会离婚的人结婚。

美国的离婚率高于日本,有一半左右。不过,即便在美国,人们在结婚的时候同样会抱有白头偕老的想法。如果一开始两个人就认为关系不会长久,就会选择非婚同居。也就是说,在美国婚姻不是一个必选项。

从这个意义上讲,日本人依然还坚信过去那种近代婚姻。即使到了每三对夫妻里就有一对夫妻离婚的时代,大部分的人还是坚信，近代婚姻这种形式会永远持续下去，因此他们才会想要结婚。

**哪些人能够结婚？**

那么，在今天的日本到底哪些人结婚了呢？

能够结婚的男性，也就是女性会作为结婚对象选择的男性，拥有经济实力是很重要的。也就是说，越是工作稳定、收入高的人越容易结婚。相反，越是工作不稳定、收入低的人越难结婚。这一点从一些统计分析就可以看出。另外，在一些关于年轻人择偶条件的问卷调查中，也能看出近年来女性越来越重视对方的经济条件。

比如，《朝日新闻》在2018年12月实施的"关于未婚年轻人的婚恋观"（25～34岁的男女，约1000人）的网上问卷调查显示，在"结婚对象必须具备的条件"这一项，有72%的女性选择了"收入"，而选择"收入"作为必要条件的男性只有29%。

在"结婚对象理想的年收入"这一项，有63%的女性的回答是"400万日元及以上"。而选择"无所谓"的女性有19%，男性有64%（图表6-2）。

**图表6-2** 对结婚对象的收入和正式员工身份的要求

【结婚对象理想的年收入】

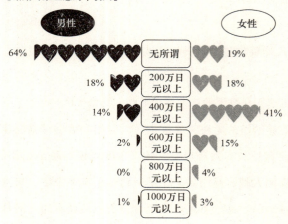

【是否在意对方的正式员工身份】

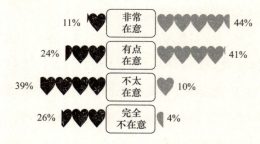

来源：「未婚の若者の結婚観」（2018年12月18、19日ネット調査 『朝日新聞』2019年1月13日 早报）

注：共回收问卷1032份，并按照"男，25～29岁""女，25～29岁""男，30～34岁""女，30～34岁"分为四档，每档258份

男女的这种观念上的差别——七成多的女性看重收入，而男性只有两成多——实际上这十几年来一直未变。

对此，女性月刊 *JJ*（2019年2月）进行的一项调查"JJ世代的结婚白皮书2019"则更加明确地印证了这一点。调查显示有60%以上的女性希望结婚对象的年收入在700万日元以上（包含1000万日元以上），而只有8%的女性不在乎对方的收入。不知道是不是 *JJ* 读者群的很多女性喜欢做梦，要知道年收入700万日元以上对于年轻男性来说实在是一个可望而不可即的门槛。

当然，重视男性的经济实力并不是现在才有的现象。然而，和过去不同的是，现在已经到了不得不重视对方收入的境地。

30年前的公司职员在经济上还都比较稳定。然而，现在因为在经济上不稳定的年轻男性越来越多，所以将对方的经济实力作为结婚条件的女性也逐渐增多。

虽然没有经济实力那么重要，男性的长相和身高也开始成为女性选择结婚对象时重要的参考依据，这一点在拙作《受异性追捧的结构：男人和女人的社会学》（筑摩新书，2016年）中有详细介绍。这种心理其实就是为了自己的下一代，希望女儿长得好看一点，希望儿子个子长得高一点。与其说是为自己着想,不如说是为了今后出生的孩子。因此,越来越多的女性除了会看男性的经济实力,还会看男性的长相,也就是遗传基因。

那么,男性会看重女性哪些方面呢?男性选择女性时非常注重的是"年龄"。而长相则因为情人眼里出西施,各有所爱,所以无论何种类型的女性,总会有喜欢她的男性。

我记得几年前看过一档朝日电视台播放的长寿综艺节目叫《新婚夫妇来了!》,那一期的女嘉宾是一个体态丰盈的女性。当主持人询问双方在何处相识的时候,答案竟是在"喜欢丰满女性的相亲活动"上。这位男嘉宾是一个中等身材的人,他说自己一直喜欢体态丰盈的女性,所以就报名参加了那个活动。

对于女性的收入,男性一般不太在意。对方的外貌和身高对男性来说也无所谓。那么,为何只关注女性的年龄问题呢?简单来说,就是因为"生育"。对很多年轻男性来说,一个女性是否处于适合生育的年龄是她能否被当作结婚对象的重要条件。

如前所述,男性在选择结婚对象时并不太在意对方的经济状况。不过,最近希望对方拥有高收入,也就是希望双方都工作的男性也逐渐多了起来，但这一点并不是最优先的条件。

而且，对于女性的外貌，男性的审美观非常多样。也就是，从女性的立场上看，总会有一个男人喜欢自己。当然，只是知道有这样一个人，并不知道这个人在哪里而已。这也是女性进行"婚活"的原因之一（因为通过"婚活"，女性可以有机会遇到不同类型的男性）。相对于男性，女性在"婚活"上的表现相对积极，这也许是因为女性能隐隐约约感到，通过"婚活"可以解决自己结婚难的问题。而对于男性，由于对方看中的是自己的经济实力和外貌，因此即便参加"婚活"，也不会增加结婚的机会，结婚的难度也不会改变。换言之，能否结婚更多的是取决于男性自身条件。关于这一点，在我编著的书中，桃山学院大学村上[①]副教授有过详细的论述（《"婚活"现象的社会学》）。

## 意识形态与真实想法

就目前的状况而言，日本男性在经济上的差距正在逐渐

---

① 日文名字为村上あかね。——编者注

拉大，已经有越来越多的日本女性开始意识到这一点。

对男性而言，因外貌造成的结婚上的差距自古就有。只是正如我之前说过的那样，过去年轻男性几乎清一色都是正式员工。也就是说，男性在经济实力上大体相当，女性无须太关注男性的收入问题，因此更多关注的是男性的外貌。

而现在由于年轻男性在经济实力上的差距逐渐变大，女性不得不开始关注男性的收入问题。这一点无论是从问卷调查的结论也好，还是从"婚活"现象的流行也好，都能清楚地看到。

虽然如此，从我执笔《婚姻的社会学》到现在的大约20年间，将隐藏在心中的真实想法说出来是好还是不好，判断的标准发生了很大的变化。如果是20年前我在地方政府的报告书或报纸上发表这样的评论，一定会被喊停。因为当时主流的看法还是"因为爱情才结婚，婚姻与金钱无关"。

先不管这样的变化好不好，现在已经可以自由地发表与上述意识形态相悖的观点了。而且，不仅一般公众可以敞开心扉谈论自己的婚恋观，连政府的态度也发生了很大转变。反过来说，现在人们可以大胆地谈论自己关于婚姻的真实想法，或许也就意味着过去那种"只要有爱，即便再穷也无所谓"的恋爱至上主义，事实上已经一去不复返了。经过这20多年的持续调查，我深切地感受到整个社会的态度确实发生了很大变化。

说到吐露心声，还有这样一个有趣的现象。

在"婚活"中，越是瞄准有钱男人的女性越是缄口不言或者越不想吐露心声。通常她们嘴上都会说"结婚这件事和收入无关"。比如，和我一起撰写《"婚活"时代》的记者白河桃子女士就曾采访过一些这样的"阔太太"，她们中的大部分人都表示"自己不是因为对方有钱才结婚的"（白河桃子，《哪些人才能成为阔太太？》）。

她们通常会说，"我喜欢的人碰巧是个有钱人"或者"结婚时对方并不是有钱人"，又或者"结婚的时候，我并没有在意对方是否有钱，没想到婚后他在事业上获得成功，变得越来越有钱，所以我只是侥幸成了一个有钱人而已"。简而言之，她们之所以这么说，是想表达"婚姻与金钱没有关系"。可是在我看来，这些不过都是一些客套话。由于受过去传统思想的影响，她们只是不想说出隐藏在内心的真话而已。

与这些追求高收入的女性不同，还有一些女性，她们从心底认为，如果没有稳定的收入，一旦结婚，生活将很难维持。也就是说，她们并不要求男性的年收入一定要在1000万日元以上，但在她们看来，要过普通日子，600万日元以上的年收入还是必要的。

即便这样，由于未婚男性的平均收入随着时代在递减，最终导致男性分裂成两个群体：能结婚的人和结不了婚的人。也就是说，在"婚活"中，只有收入稳定的男性才能结婚。女性会想尽办法与这些男性相遇，让这些男性选择自己，走入婚姻殿堂。

顺便说一句，2018年NHK（日本广播协会）实施的"日本人意识调查"显示，关于结婚问题，有68%的人回答"不一定非要结婚"。这项调查自1973年以来，每5年进行一次，68%这一数字创下近25年来的新高。

需要注意的是，这个回答并不是说自己不结婚也行，而是说68%的受访者认为，并不是所有人都一定要结婚。反过来，可以推断出大部分人认为，只有找到一个合适的人才考虑结婚。

总而言之，从各种调查中不难发现，现在越来越多年轻人的想法是，"别人结不结婚我不管，我自己想结婚"。

## 囿于近代婚姻的理由

那么,为何日本人对近代婚姻如此执着呢?

第一个原因就是社会体系的需要。换言之,在日本如果选择结婚,很多方面会变得便利且有益处。

比如,在我的研讨课上有一个专门研究"事实婚姻"的学生,曾经采访过一对50岁左右仍不办理婚姻登记的伴侣。

据他们说,之所以选择事实婚姻是因为女性想保留自己的姓氏,"不想因结婚改变自己的姓名"。但这样做也有诸多不便之处,其中之一就是要不断地向周围的人解释其中的原委。因为夫妻没有统一姓氏,有时会被别人误认为仍是单身状态。更何况他们还有孩子,所以每次都要向其他人解释其中的原因,非常麻烦。

另外,如果两个人是"事实婚姻"的话,在加入人寿保险时还需要提供特别的说明。但如果两个人办过结婚手续,这个环节就可以免除,可以省去不少麻烦。比如,在申请理赔时,只要出示两个人的结婚证明,手续就很简单。而如果是事实婚姻,就要回答各种问题,非常麻烦。

除此以外,在社会保险、遗产继承、死亡证明,以及探望住院患者等方面,如果两个人有婚姻关系就可以省去很多复杂的手续。比如,当患者想在医疗机构接受延长生命的治疗措施时,如果双方是事实婚姻,一方就无法为另一方签署同意书。

特别是有孩子的话,如果有结婚证明,在办理抚养抵扣和领取子女补贴时就非常方便。不过,现在日本终于修订了相关法律,自2019年起允许有子女的未婚女性也能够领取抚育儿童的补贴。

综上所述,在日本的社会体系中,两个人在户籍上是不是夫妻关系,无论是对公事还是私事,都会产生影响。正是出于这种制度上的考虑,日本人才如此热衷于结婚。

第二个原因,可以说是"对未来的永久保障"。通常情况下,日本人会认为,只要两个人结婚,两人的关系自然就可以得到永久性的保障。

比如,在美国或中国,由于可以单方面提出离婚,因此婚姻不具有永久性。而在日本,如果单方面提出离婚,通常很难被认可。因此日本人普遍认为婚姻具有永久性。

我曾在研究生课程上问来自中国的留学生："如果可能，你们是想当医生的妻子呢，还是想当一名单身的女医生呢？"

中国留学生的回答是："当然是自己成为医生。因为如果当医生的妻子，仍然有离婚的可能。"

我说："在日本，单方面的离婚是不被认可的。哪怕自己的丈夫和别人好了，要和自己离婚，法院也是不认可的。如果是因为丈夫出轨导致离婚，则需要支付给妻子一大笔经济补偿金。而且，因为日本人碍于面子，通常不会说拒绝支付这样的话。所以，只要和医生结婚，在经济上就可以一辈子无忧无虑。"

因此，在日本，如果和高收入的男性结婚，是能够获得一生的经济保障的。即便离婚，也能得到相当丰厚的经济补偿。反过来说，如果和收入较低的男性结婚，即便离婚也没有什么经济补偿。

比如，我在调查老年夫妻关系时就发现，有不少女性为了获得遗属补偿养老金，虽然很讨厌丈夫，依然与丈夫在一起生活，维持着婚姻关系。也就是说，不管夫妻间的关系好坏，只要在对方临死的时候，还保持着婚姻关系，之后的生活就有经济保障，这就是目前日本的婚姻制度。

也就是说,日本的制度与中国、美国等有很大的不同。在日本,婚姻在社会体系中受到保护,婚姻关系又通过各种制度进一步得到保障。正因为如此,有不少女性一旦其丈夫被公司裁员,立刻就会提出离婚(科学研究经费课题"关于离婚快速增长社会中夫妻爱情关系的实证研究")。

第三个原因是,日本是个注重面子的社会。日本人非常在意周围人对自己的评价。前面在介绍事实婚姻时,提到"要不断地向周围的人解释其中的原委",正好印证了这一点。也就是说,日本人为了面子上好看,会追求那种无须解释的关系。

特别是对现在的年轻人而言,他们每时每刻活在一种焦虑中,生怕自己因为和大家不一样而被孤立,所以大部分人选择随大流。大部分的日本人不会选择非主流的"事实婚姻"或者"家庭主夫",而是选择大多数人都会选择的近代婚姻的形式。

同时,日本也讲究人以群分,如果社会地位相差太大,朋友关系就很难维系。特别是女性,如果周围的朋友都已经结婚,而自己仍未婚的话,彼此之间就会失去共同话题,朋友关系就会受到影响。也就是说,已婚人士和已婚人士来往,未婚人士和未婚人士来往。一旦身边的单身朋友们都变为已婚人士,而自己不结婚的话,交友圈子就会缩小,就容易因为找不到一个说话投机、能让自己发牢骚的人而感到焦虑不安。

从随大流的心理意识上讲,很多人也不会选择同居这种方式,尤其是女性。道理很简单,因为目前选择非婚同居的人只占少数。还有一种不想让周围的人觉得自己可怜的心理。特别是女性,最讨厌被别人看不起。因此,很多女性出于这种考虑,通常会隐瞒自己同居的事实,或假装自己已经结婚。对男性而言,由于结婚对象并不会对自己的身份认同造成影响,因此无论和谁结婚,声誉都不会发生变化。但这点对女性却大不一样。女性选择的结婚对象的社会地位始终是其朋友、亲戚和家人议论的焦点,其身份总是和结婚对象的社会地位紧密联系在一起,这一点至今未变。可以说,女性交往对象的身份仍然和女性的自尊心紧密依存。

不过,我反复提到,由于过去大家都是公司的正式员工,因此周围的人只能通过公司的大小或者担任的职务来判断结婚对象的社会地位。而现在,和自由职业者交往或结婚的女性越来越多,这些自由职业者的社会地位通常被认为低于公司正式员工。因此如果和这些人结婚，不少女性仍然会因为感到羞耻而选择隐瞒结婚的事实。

也就是说，她们虽然不愿将好不容易结婚的事实掩盖起来，但更不愿意因为自己和一个社会地位不高的人结婚这件事而被看不起。这是日本女性的特点。

不过，也有例外。比如，在全日本总和生育率最高的冲绳地区，由于大部分男性都是非正式员工，因此即便选择和他们结婚，也很少会遭到周围朋友或亲人的非议。所以，这些男性在婚育方面受到的影响较小。也正因为如此，冲绳的婚育率在全日本都算特别高的。

## "体面"的束缚

最近一本刊登了"哪条街的风俗店较多"等"不合时宜信息"的书——《"东京DEEP指南"选出的首都圈最让人不想居住的地方》（逢阪正义、DEEP指南编辑部，驹草出版，2017年）成为隐形的新畅销书。正如现在已经可以公开说"我不想和低收入的人结婚"一样，现在也能在公开场合直言"不想在某个地方居住"了。

由于现在可以通过各种渠道得知这些以前并不为人所知的"真心话",人们只要根据你所居住的地方就可以大体知道别人对你的评价。

我认为,如果不是知识分子等一些极其特别的群体,一般人很难摆脱面子或虚荣心的束缚。也就是说,不管是非婚同居也好,居住的区域也好,如果是那些不受体面和虚荣心约束、保有自尊的精英阶层的话,就没有问题。但是,能对那些特立独行的少数派采取包容心态的精英阶层,在日本毕竟是极少数。

我这里所说的知识分子和精英阶层,并非一定都是所谓的具有较高社会地位的、高学历高收入群体。比如,在三浦展先生写的《100万日元买房,一周工作3天》(光文社新书,2018年)中介绍了一些人,他们中有的人每个月只需支付1万日元房租就可以在小岛上过悠闲自在的生活,有的人每个月的伙食费只有1500日元,还有两对夫妻带着各自的孩子同租一套房子共同生活,等等。我认为,他们也属于能够不受舆论的影响、保持自尊心的极少数精英阶层。

但我在这里讨论的对象并不是这些人,而是很多被体面和虚荣束缚的日本人,比如"我真的很想过中产阶级的生活,但收入只有 100 万日元"。

另外,在 20 世纪 70 年代经济高速增长时期,有一首辉夜姬演唱的、大为流行的民谣《神田川》。这首歌唱的是一些来到大都市的青年伴侣,以及他们简朴的同居生活。不过,对当时的年轻人而言,虽然眼下的生活十分清贫,但他们对未来充满了期望,坚信自己未来一定能过上宽裕的生活。因此,同居生活开始在很多高学历的年轻人中间流行起来。

当然,像《神田川》里唱的那样,同样是蜗居在一间只有三叠[①]的小屋里的两个人,当时的那些对未来充满希望的高学历群体和现在的这些对未来毫无希望的自由职业者之间有着天壤之别。

处在经济高速增长期的年轻人,深信自己的未来一定会越来越好,事实上,当时的男性的确也是这样。因此即便两个人一开始蜗居一处,彼此也能够达成一致,坚信这只是暂时而已。

石油危机之后,很多日本的年轻人就不是这样了。他们看

---

[①] 约 4.86 平方米。——译者注

到别人过着清贫的同居生活,心里想的是,"我一定不能这样"。

比如,在经济高速增长期结束后的20世纪八九十年代,日本开始流行南天群星(Southern All Stars)[①]和松任谷由实的歌。他们歌中所唱的都是包含失恋在内的精致的爱情及婚后生活。换言之,对年轻人而言,如果未来的生活不够美好,他们宁愿不恋爱、不结婚。

只是在20世纪80年代到90年代前期,大部分的人还是能够成为公司正式员工的,尽管比不上经济高速增长期,但是对于未来还是有希望的。因此,当时的很多年轻人都在追求享受当下的恋爱和婚姻,而且事实上,大部分的人也做到了。特别是恋爱方面,成功也好,失败也好,都不影响他们始终抱有一种安心感。正因为如此,当时的年轻人才敢如此大胆地追求、享受恋爱。

以女性为例:大家都认为即便是失恋,也可以通过相亲的手段找到一个结婚对象。事实上,在20世纪八九十年代,很多人的想法是,"实在不行就回老家相亲,总能找个人结婚",而且很多人也确实是这么做的。

---

① 1978年出道的日本流行乐队。——译者注

反观今天的日本社会又如何呢?

一言以蔽之,就像正式员工和非正式员工之间的差距那样,日本的贫富差距正在扩大。就像我所命名的"希望格差社会"那样,或者像我在《为避免下坠而竞争:日本格差社会的未来》(朝日新书,2017年。中文版已由生活·读书·新知三联书店出版)一书中写的那样,日本正在成为一种缺少上升机会的阶层社会。

也就是说,在现在的日本社会,一个人一旦稍微出现偏差,则可能一生再没有翻盘的机会。这就是当今年轻人的焦虑,因为每个人都"不想成为那样"。比如现在恐怕已经没有女性会认为,实在不行我可以回老家相亲结婚了。因为大家都明白,即便回到老家,那里的未婚男性也都是一些非正式员工。

通过上述考察不难发现,平成时代的30年不得不说是失去希望和扩大差距的30年。

日本人坚持近代婚姻的最后一个理由是"为了孩子"。如前所述,在"JJ世代的结婚白皮书2019"的调查中,有些人表示"要是没有钱,有些想做的事就做不了,对此自己无法接受"。同样，很多日本女性认为，"绝对不能因为没钱而无法给孩子买想要的东西"。

很多日本女性之所以会选择做家庭主妇是因为很多女性有这样的想法，"想亲自带孩子"或者"不想因为做兼职而减少和孩子相处的时间"。也就是说，虽然日本女性没有为了孩子而工作的意识，但对于她们而言，无论如何都要避免因为没钱而亏待孩子。

虽然贫富差距正在世界范围内逐渐扩大，但很多日本人坚持中产阶级标准的意识依然根深蒂固。他们无法接受过不如别人的生活或者满足不了孩子的要求。因此他们只好牢牢抓住近代婚姻这种形式不放手。

## 不同于欧美的"不婚社会"

如前所述，欧美国家事实婚姻和非婚同居现象不断增多，他们在经济上相互独立，选择伴侣时考虑的只是追求亲密关系，由此克服了近代婚姻中的困难。这是欧美的"不婚社会"。

在我看来，日本社会在应对目前结婚难的问题时，呈现出与欧美不同的趋势。也就是说，日本社会发展出了一种不同于欧美国家的"不婚社会"。

这到底是什么意思呢?下面我来具体说明一下本书的结论。

在欧美国家,人们要想幸福地生活,亲密伴侣就不可或缺,尽管他们不一定非得结婚。与此相对,在日本,即便没有配偶或恋人等固定的伴侣,人们也能够大体过上幸福的生活。这就是我的结论。

在日本,整个社会结构——如现有的产业结构和社会习俗等——反而发展成能够保证没有伴侣的人也可以快乐地生活。这一点与欧美国家正好相反。也就是说,欧美国家的"不婚社会"是需要伴侣的,而日本因为结婚正在变得越来越难,已经变得不需要伴侣。

可以这样说,尽管日本人认为婚姻是必需的,但因为结婚变得越来越难,日本社会已经变成"不需要伴侣的社会"。

比如,在经济上使这一点成为可能的手段之一就是成为所谓的"单身寄生族"。不过,在我看来,这不过是暂时延缓了眼前的经济问题而已。再过二三十年,这种情况恐怕就很难再维持下去了。目前,日本社会还允许一些收入低、暂不结婚的年轻人通过与父母同居的方式解决经济上的问题。当然，即便如此，还是会有一些家庭，父母和子女同时陷入贫困，濒临破产（NHK"聚焦现代＋"采访部，《四十不惑的危机》）。

同时，即便没有伴侣，就目前的日本社会而言，人们在很多方面能够通过不同方式让亲密性需求得到满足。比如，女性可以通过与母亲、同性朋友、宠物等伴侣以外的"存在"交流来满足自己。男性则可以去有女招待陪酒的夜总会或女仆咖啡厅购买和别人聊天或分享体验的服务。

此外，"恋爱关系＝浪漫关系"也正在不断地虚拟化，很多人在漫画等二次元作品、动漫里的卡通人物及明星身上体验这种关系。如果要满足性的需求，还有风俗店、色情作品等。最近，我听说面向女性的色情作品开始流行。通过这些方式，无论男性还是女性，他们对性的需求都可以得到满足。

就像这样，即便没有固定的伴侣，也有很多相关产业和服务可以使亲密性需求得到满足（关于这一点我打算在其他书中详细阐明）。

## 没有伴侣也不会感到压力的日本

在日本,即便没有伴侣也不会感到有任何压力,因为日本人根本没有这样的意识,所以不会瞧不起那些没有伴侣的人。同时,对于花钱买亲密性这件事,日本人也没有什么抵触心理。这些都是心理层面上的前提。

对日本人的夜总会,欧美人总是百思不得其解。他们会说:"为什么日本人愿意花那么多钱,找个人听自己说话呢。如果是这样,找个异性朋友去酒吧不就行了吗?"但是,日本人或亚洲人对这种行为并无抵触。比如,日本在江户时代有个叫吉原的地方,是著名的花柳街,无论已婚者还是未婚者都会经常光顾。

在欧美社会,如果没有伴侣就会感到来自外部的压力。因为他们有这样的意识。简单说就是,没有伴侣就会遭人非议。但是在日本,只有找的对象是一个在大家看来不合格的人,才会被说三道四。这是很大的社会差异。

比如,在日本,年轻女性开开心心地和自己的母亲一起去旅行或去听音乐会,这是一件非常正常的事。可见,即便和妈妈两个人出去旅行，也不会觉得难为情。这是日本人的想法。但是，在欧美社会，如果去观看芭蕾舞或去欣赏古典音乐，你就会发现，大部分的观众要么是核心家庭（一对夫妇带着孩子），要么是一对情侣。而在日本，不管哪个年龄段，基本上都是母女二人或是和一个同性朋友，也就是以两个女性观众为主。但是在欧美社会，这些场所都是伴侣才来的地方。

因为即便没有伴侣，日本人也不会感到任何压力，所以像"婚活""单身经济"等在欧美人看来无法接受的现象，才能作为一种产业在日本流行起来。

不过，这里我想强调的是，离婚和没有伴侣的压力这两者之间基本上是毫无关系的。

前面我已经讲过，日本的离婚率大概每 3 对中有 1 对，美国的离婚率大概每 2 对中有 1 对。中国和韩国的离婚率也在不断增加，基本上与日本相当。而且，无论哪个国家都有增加的趋势，特别是结婚 3 年以内离婚的情况特别多。

通常情况下，对婚姻中一方的满意度下降会导致离婚。也就是说，如果两个人在一起生活 3 年的话，基本上就能知道这个人到底是不是自己真正想要的那个人。

虽然如此，日本人和欧美人的离婚倾向却各不相同。因为日本人比较重视经济上的满意度，所以日本人选择离婚多半是经济上出了问题。而欧美人更加重视亲密性上的满意度，因此他们选择离婚多半是因为亲密性无法得到满足。

其结果就是，欧美人离婚后会立刻寻找下一个能够满足亲密性的对象，而日本人要想找到一个能在经济上满足自己的对象却十分困难。因此对日本人来说，如果仅仅是为了满足亲密性的话，通常是不会选择再婚的。

这样看来，没有伴侣的压力虽然和离婚没有什么关系，却和再婚密切相关。

总而言之，在欧美社会，如果不再喜欢对方或有比对方更满意的人出现就会选择离婚。不过，如果孩子还小，考虑到孩子的问题，很多人即便开始厌倦伴侣，也会先忍着不离。当然，这种意识在欧美不如在日本普遍。

在我看来，今天日本人的离婚已经开始一点一点地朝欧美那种类型发展了。只不过这种变化十分缓慢，为什么呢？

在日本，很多女性认为，如果能实现经济独立，马上就会选择离婚。反过来说，一旦婚姻中的经济生活无法维持，就没有不离婚的理由了。事实上，在我的调查中，很多日本家庭都将"丈夫被公司裁员了""丈夫创业失败了"等经济理由作为离婚的主要原因。

另一方面,一旦经济状况出现危机,想要保住婚姻的人也会增多。只是如前所述,本来日本人就不太重视亲密性,即便夫妻关系不融洽也不那么在意,特别是最近十几年,日本"无性夫妇"的数量正在逐渐攀升。

也就是说,日本的离婚率得以保持在每3对里有1对的现状,经济因素作用很大。其次,前面提到的"日本人注重面子"的心理在一定程度上也起到抑制离婚的作用。

其实,结婚也是这样,即在日本选择结婚的人大多出于经济上和面子上的双重考虑。

## 日本人婚姻的未来形式

差不多该总结一下讨论的内容了。我认为,今后日本经济状况和日本人对面子的重视程度的变化,将会影响日本人婚姻的未来走向。

我个人认为,日本社会和欧美社会最大的不同就在"注重面子"上。然而,如今在一些不在乎面子和虚荣心的群体中出现了一种新动向。

不过,从目前来看,这些还都是一些特殊情况,还未发展到足以影响统计结果的程度。

我认为,未来日本男性在经济上的差距逐渐缩小的可能性微乎其微。因此,今后不在乎面子、没有虚荣心的人能否增多将成为影响日本人婚姻状况的关键因素。

就这一点而言,我也丝毫不感到乐观。相反,我认为现在的年轻人大部分还是很注重面子的。正因为很多年轻人很看重"稳定""不想被人说三道四",才导致现在恋爱的人不断减少。

九州工业大学名誉教授佐藤直树先生把日本称作"挑剔社会"。意思是,在日本社会,每个人都很在意自己的言行举止,日本人生怕自己的一举一动会引起对方不满。这一点对日本人的婚姻观也有一定的影响。(《挑剔社会中的人际关系》)

反过来说,像目前这样的"挑剔社会",如果日后不发生改变的话,婚姻的形式也很难改变。

也就是说,无论对社会还是对个人而言,都要做好充分的心理准备,即很可能今后人们会没有伴侣,一个人走完一生。现在已经有很多人认识到这一点,因此《一个人的老后》

（上野千鹤子，法研，2007年）才成了畅销书。同时，"独活"①的说法也开始流行起来。

而正是由于很多人不想一个人终老一生，才开始进行符合社会期待的"婚活"，并且这样的人还在不断增加。

通过长期观察日本社会的"婚活"动向，我发现，近年来最大变化就是很多政府机构开始积极地应对少子化问题。通过编制预算，为男女相识创造机会，助力他们缔结美满姻缘。

比如，我调查过一家位于爱媛县的婚姻支援中心后发现，现在已经出现了一些男女双方都是非正式员工或都是所谓"御宅族"的人结婚的情况（科学研究经费资助课题，课题号16H03699，"未婚化社会中'结婚支援活动'的实证研究"）。

可见只要两个人有共同爱好，经济上也大体过得去，就可以在一起幸福地生活。所谓"婚活"，不应该只是考察对方的经济实力，而是应该寻找一个不受世俗约束、能够和自己一起幸福生活的人。

不过，话虽如此，如果连最起码的生活都不能维持也是

---

① 指一个人生活。——译者注

不行的。通常情况下，如果婚后家庭的经济状况突然出了问题，很少有男性会认为这是婚姻给自己造成的结果，而女性则不同。对女性而言，自己在经济上变得不稳定的直接原因是结婚对象带来的。如果是这样的话，女性就会后悔当初结婚。

我想，没有人会希望自己有一天会悔不当初。所以，在"婚活"的时候，还是会有很多女性看重结婚对象的经济实力。

另外，考虑到子女的问题，很多人也很难把体面完全抛在一边不管。

据专门研究返乡问题的、圣心女子大学木户功教授的采访调查发现，很多辞职回到家乡的夫妻表示，"自己倒也无所谓了，但是孩子的教育是个让人头疼的大问题"（木户功，《移居和生命历程——通过谈论动机重建生命历程》）。

当初，自己的父母花了那么多钱，让自己在城里长大，把自己培养为社会精英。而现在自己又回到乡下开始一种新的生活。但是，乡下生活无法把自己的下一代培养为社会精英。因此，大部分的父母还是坚持孩子必须在大城市接受教育。也就是说，日本人所谓"体面"和虚荣心在孩子的问题上成倍扩大。

就目前来看,"不考虑面子的问题,两个人过自己快乐的生活",这样的新的婚姻形式确实在增加,这种趋势也越来越明显。

但生育率是否会因此而增加还不得而知。因为很多日本人依然认为,必须要为孩子提供好的经济条件和教育环境,这样的意识根深蒂固。

虽然,我认为应该提倡结婚,也就是和伴侣一起亲密快乐地生活。但是,对于那些因为无法在现实生活中找到亲密伴侣而转向虚拟关系的人,我也不能否定他们的做法。

结婚到底是否必要,与我们如何设定标准有关。比如,从社会再生产的角度看,少子化问题必然会给当地带来一些难题。但是国家或地区面临难题和个人面临难题,是两个不同的问题。作为一个社会学学者,我只能折中地说,这两方面都很重要。

如果有一天日本社会也可以像欧美那样,对未婚生子很宽容的话,那么,即使不结婚的人继续增加也无关紧要。不过,需要明确的是,即便国家认可这种做法,当前的情况也不会立刻好转。

我想，只要注重面子这种固有的意识不发生根本性转变，目前日本这种不结婚就不能生育的局面就会继续持续下去吧。

话虽如此，到了60多岁，还有三分之一的日本人是一个人，这不免有些令人伤感。单身的人越来越多，这既是一个个人问题，也是一个社会问题，我想没有谁想一个人孤独终老吧。因此，除了年轻人的"婚活"以外，我现在还在积极推动中老年人的"婚活"。

不过，实际困难还是出在中老年人的子女身上。因为如果中老年人有孩子的话，其再婚会影响到遗产继承和领取社会保险等问题，所以很多时候会遭到子女的反对。因为对其子女而言，能否得到老人这笔钱，将对自己的人生产生很大的影响。

如果是这种情况的话，这些中老年人可能还是和"一起喝茶的朋友住在一起"比较合适。当然，没有孩子的中老年未婚者不存在这个问题。真心希望他们能够把面子抛到一边，全身心地投入到自己的"婚活"之中。

# 结　语

日本的平成时代结束了，开启了令和时代。

从家庭的视角回溯的话，可以说结婚这件事在平成时代变得越来越难。

总体而言，在欧美国家，随着结婚越来越难，伴侣之间的关系开始出现"非婚同居"等新的形式，进而走上"不婚社会"的道路。而在日本，随着结婚变得困难起来，伴侣之间的关系开始转向虚拟关系，连真实的伴侣关系都可以不再需要，更不用说结婚了。

至于哪种社会更好，作为一个社会学学者，我不想去做价值判断。但是，显而易见，由于结婚难导致少子化问题出现，进而由人口减少引发了各种社会问题。同时，如果越来越多的人逃避真实的伴侣关系，转向虚拟关系的话，我觉得对个人来说也是一种悲哀。

为什么会变成这个样子呢?

1993年,我作为文部省的驻外研究员,在加州大学伯克利分校做调查研究,正赶上年轻的克林顿总统刚刚上任不久,他充满了活力和朝气。那时美国盛行女权运动、学生运动,还出现了推动同性婚姻合法化的运动,不受过去的婚姻和家庭束缚的、新的生活方式在很多年轻人中流行起来。

1993年回日本后,正赶上泡沫经济崩溃,随之又出现了"就业冰河期"。在这种情况下,结婚变得越来越难,而新的生活方式又没有出现,结果造成未婚人数不断增加。

为什么日本的年轻人没有像欧美人那样,开始新的生活方式,而是一直固守传统的婚姻形式呢?带着这样的问题意识,我从事婚姻研究已经将近30年。

我在过去的演讲中,经常引用美国前总统克林顿的一句名言:"Yesterday is yesterday. If we try to recapture it, we will only lose tomorrow."(克林顿在北卡罗来纳大学建校200年庆典上发表的讲话)。翻译过来,大意是"过去就是过去。如果我们试图夺回它,只会失去未来"。

确实如此。在经济高速增长期,男人在外工作,女人在家相夫教子,夫妻共同建立幸福的家庭,这种婚姻形式无论对社会还是对个人，都是非常适合的。然而，当社会发生变化后，过去的那种婚姻形式已经变得越来越困难。但是，在日本，因为过于执着于传统的婚姻形式而结不了婚的人反而增多了。从这个意义上看，他们确实失掉了属于自己的未来。

在本书与读者见面的时候，日本已经从平成时代进入了令和时代。面对结婚变得越来越难的现状，今后追求虚拟关系的人会不断增多，还是会出现反转？另外，在平成之后的新的令和时代，牢牢抓住过去（昭和时代）不放手的人还会继续成为多数派吗？

虽然到了花甲之年，不，应该说正是因为到了花甲之年，年轻人身上的动向才越发引起我的关注。


本书的写作动机来自《邂逅与结婚》（日本经济评论社，2017年）中收录的我的一篇论文，题目是《日本人婚姻的未来——是越来越难还是不再需要？》。

本书在编辑过程中得到了撰稿人高桥和彦先生的大力支持。

此外，还要感谢大场叶子女士，大场女士在出版我的另一部著作《婚姻危机》时就给予了很多帮助，在此一并表示感谢。

山田昌弘

2019 年 4 月 5 日

# 参考文献

岩本麻奈『パリのマダムに生涯恋愛現役の秘訣を学ぶ』ディスカヴァー21 2015年
江原由美子『女性解放という思想』勁草書房 1997年
NHK「クローズアップ現代＋」取材班『アラフォー・クライシス――「不遇の世代」に迫る危機』新潮社 2019年
落合恵美子『21世紀家族へ――家族の戦後体制の見かた・超えかた』〔第3版〕有斐閣 2004年
アンソニー・ギデンズ『近代とはいかなる時代か?――モダニティの帰結』(松尾精文、小幡正敏・訳)而立書房 1993年
アンソニー・ギデンズ『親密性の変容――近代社会におけるセクシュアリティ、愛情、エロティシズム』(松尾精文、松川昭子・訳)而立書房 1995年
アンソニー・ギデンズ『暴走する世界――グローバリゼーションは何をどう変えるのか』(佐和隆光・訳)ダイヤモンド社 2001年
アンソニー・ギデンズ『モダニティと自己アイデンティティ――後期近代における自己と社会』(秋吉美都、安藤太郎、筒井淳也・訳)ハーベスト社 2005年
佐藤直樹『目くじら社会の人間関係』講談社＋α新書 2017年
エドワード・ショーター『近代家族の形成』(田中俊宏、岩橋誠一、見崎恵子、作道潤・訳)昭和堂 1987年
ミュリエル・ジョリヴェ『フランス 新・男と女――幸福探し、これからの

かたち』(鳥取絹子・訳) 平凡社新書　2001 年
白河桃子『セレブ妻になれる人、なれない人──年収 1000 万円以上の男性と結婚できる人の小さな習慣』プレジデント社　2010 年
橘木俊詔『女女格差』東洋経済新報社　2008 年
谷本奈穂『恋愛の社会学──「遊び」とロマンティック・ラブの変容』青弓社　2008 年
筒井淳也『親密性の社会学──縮小する家族のゆくえ』世界思想社　2008 年
ジークムント・バウマン『リキッド・モダニティ──液状化する社会』(森田典正・訳) 大月書店　2001 年
比較家族史学会『事典 家族』弘文堂　1996 年
比較家族史学会・監修／服藤早苗、山田昌弘、吉野晃・編『恋愛と性愛』早稲田大学出版部　2002 年
ウルリッヒ・ベック『危険社会──新しい近代への道』(東廉、伊藤美登里・訳) 法政大学出版局　1998 年
ウルリッヒ・ベック、アンソニー・ギデンズ、スコット・ラッシュ『再帰的近代化』(松尾精文、小幡正敏、叶堂隆三・訳) 而立書房　1997 年
ウルリッヒ・ベック、エリーザベト・ベック＝ゲルンスハイム『愛は遠く離れて──グローバル時代の「家族」のかたち』(伊藤美登里・訳) 岩波書店　2014 年
Ulrich Beck and Elisabeth Beck-Gernsheim, *Individualization: Institutionalized Individualism and its Social and Political Consequences.* SAGE. 2001
三浦展『100 万円で家を買い、週 3 日働く』光文社新書　2018 年
牟田和恵・編『家族を超える社会学──新たな生の基盤を求めて』新曜社　2009 年
山田昌弘『家族ペット──ダンナよりもペットが大切!?』文春文庫　2007 年
山田昌弘『希望格差社会──「負け組」の絶望感が日本を引き裂く』ちくま文庫　2007 年
山田昌弘『近代家族のゆくえ──家族と愛情のパラドックス』新曜社　1994 年

山田昌弘『結婚クライシス――中流転落不安』東京書籍　2016 年
山田昌弘『結婚の社会学――未婚化・晩婚化はつづくのか』丸善ライブラ
　　リー　1996 年
山田昌弘『少子社会日本――もうひとつの格差のゆくえ』岩波新書　2007 年
山田昌弘『迷走する家族――戦後家族モデルの形成と解体』有斐閣　2005 年
山田昌弘・編『「婚活」現象の社会学――日本の配偶者選択のいま』東洋経
　　済新報社　2010 年
木戸功「移住とライフコース：動機を語ることを通じたライフコースの構
　　築」札幌学院大学人文学会紀要第 100 号　2016 年
服部誠「近代日本の出会いと結婚」/ 平井晶子、床谷文雄、山田昌弘・編
『出会いと結婚（家族研究の最前線 2）』所収　日本経済評論社　2017 年